梅棹忠夫　語る

聞き手　小山修三

日経プレミアシリーズ

はじめに

梅棹さんは座談の名手だった。じつにたくさんの対談や鼎談、共同討議が著されている。どんな話題であっても、するどく、興味深い発言をし、対談者が思わず引き込まれてしまう。とくに座の意見が散らばってしまったとき、最後にすっきりとまとめる力は、小松左京さんが「梅棹式白紙還元法」と驚いたほどだ。わたしも、若い頃から『月刊みんぱく』(国立民族学博物館の広報誌)の編集長として、館長対談に同席して鍛えられたのだが、館長時代はどうしても公的でアカデミックな枠を出ない発言だったと思う。

館長職をひいてからは、館内の梅棹資料室で、梅棹アーカイブズの整理、執筆のほか、若い研究者やマスコミ、ときおり訪ねてくるふるい友人との話など、いわば、悠々自適の仕事ぶりになっていた。ところが二〇〇四年からつづけて大病を患い、再起が危ぶまれるほどだった。

さいわい小康をえて、二〇〇八年に「米寿を祝う会」を開催し、梅棹さんをまな板に載せてシンポジウムをやろうという計画がもちあがった。ただし、体調に不安があるので、まえもって私が聞き取りをして、梅棹さんが来られない場合は、それを読み上げるという次善の策を考えた。そのために二〇〇八年二月から、週一回の聞き書きを始め、回数は一五回におよんだ。話題は登山、探検、学術調査、民博創設、仲間たちとのエピソードなどに広がっていった。

梅棹資料室には梅棹さんの中学時代以来の記録が残っており、それを見ながら話がはずんだ。梅棹さんもたのしかったらしく、元気を取りもどしたので、これは『知的介護の技術』という本になるとまわりからひやかされた。さいわい米寿の会にも出席できて、そのまとめは『梅棹忠夫に挑む』（中央公論新社）として出版された。習慣のようになったわたしたちの対話は、必要に応じてその後もつづけられ、その一部が『山をたのしむ』（山と溪谷社）にも収録されている。

梅棹さんは、第二次大戦後の日本のゆくえを見据え、世論をリードしてきた人の一人だった。そんな人の現役をひいたあとの自由闊達な話しぶりは、たとえば勝海舟の『氷川清話』をはじめとする語録に見られるように、痛快であるとともに、時代の証言として重要なものだ。放談なので話題が重複する部分があるが、話の流れをいかすため、あえて削除しなかった。

この書は、梅棹さんの同意をえて、ほぼ全体の形が整う段階にきていた。次第に弱る体力に抗して語る梅棹さんの意志の強さには頭の下がる思いだった。ところが、最終のまとめ直前に亡くなられてしまい、実質的には最後の語りとなった。謹んでこの書を献げたいと思う。

二〇一〇年八月　　小山修三

目次

第四章

情報は分類せずに配列せよ――記録と記憶の技術(3)

第七章

知識人のマナー

なぜ自分のオリジナルの観察を大事にしないのか

学問といえば、ひとが書いたものを読むことだと思っている

自分の経験を客観的に記述するという習慣がなかった

若い人こそ本質論をやれ

わたしには「べき」がない。梅棹忠夫は「梅阿弥」や

根底にはインテリ道に対する反発がある

博士号は運転免許だ

やんちゃがないのやね。みな、こぢんまりと、できあがってしまってる

テレビに出演したら、花形になったような気になる

一緒にテレビ出演した子どもが非常に悪くなっていく

テレビは思想の媒体ではない

第　一　章

君、それ自分で確かめたか?

三高時代、山岳部のプレジデントを務めた梅棹は、白頭山登山など探検・調査の日々に明け暮れる。一九四四年には中国華北の張家口市にできた西北研究所（所長・今西錦司）でモンゴル研究に携わった。張家口で終戦を迎えた梅棹は、大事な研究資料に偽装を施し没収を免れながら、必死の思いで帰国する。梅棹の名を世に知らしめたのは、一九五七年に発表した「文明の生態史観」であるが、これもアフガニスタン、インドを歩くなかで発想したものだ。

梅棹の学問のスタイルは徹底した現場・現物主義。自分で見たもの以外は信用しない。その考え方の基本を育んだのは、三高山岳部時代に始まる多くの人との交流であった。当時の仲間には、吉良龍夫、四方治五郎、川喜田二郎、藤田和夫、伴豊、和崎洋一、鈴木信、四手井綱英、吉井良三などがいた。一九四〇年には、京大の今西壽雄、中尾佐助らとともに、高校生で唯一人、真冬の樺太でのイヌぞり旅行に参加する。京大では、今西錦司をリーダーにいただき、川喜田、藤田、吉良、伴、和崎と「ベンゼン核」と呼ばれるグループを形成。こうした人たちの間にあって、思考法、学問の方法を鍛えられたと言ってよい。

自分で見たもの以外は信用できない

小山　このところ天候不順でお体もたいへんでしょう。

梅棹　冷暖房完備やから平気や。

小山　それはたしかにそうですが……。いつものことながら、梅棹さんのチョー合理主義的発想にはまいるなあ（笑）。

ところで、みんなと話していたときに、「別の視点から梅棹忠夫を見たら」という話が出まして、「梅棹さんは牧畜民ではないか」と。どうも農民じゃない。

梅棹　ほんまやな。たしかに農耕民とちがう。

小山　どこがちがうのでしょうね。ぼくらは、何だかんだ言いながら農民の子孫でしょう。

梅棹　わたしもそうやけどな。というより、わたしはもともとは漁民やけど。

遊牧民の世界は、さっぱりして気持ちのいいもんやで。わたしは好きやな、遊牧民。

小山　どこが、一番さっぱりしているのですか。

梅棹　何も持っとらへん。ほんまに持っとらへん。

小山　遊牧というのは日本の社会にないのに、なんで遊牧社会に興味を持ったんですか？

梅棹　とにかくモンゴルへ行きたかったんや。「通へる夢は崑崙《こんろん》の、高嶺の此方ゴビの原。」……三高（旧制第三高等学校）の歌や。当時、なんかしらん、モンゴルに対するあこがれがひじょうに強かった。

小山　それで当時、蒙古自治邦の張家口にあった西北研究所に志願して行って、張家口からモンゴル草原に調査に出たんですね。

梅棹　当時モンゴル研究は大流行で、各大学がモンゴル・エクスペディション（調査・探検隊）を、いっぱい出した。しかし、みんな軽トラックに乗って、草原の決まったところを駆けぬけるだけやから、出てくる報告書がみな同じ。全然つまらん。こんなことなんぼやってもあかんわ。それで、わたしらはまったくちがうやり方をやった。あの時代に、ウマで行くと言うて、わたしと中尾佐助と二人が、今西錦司さんについて行ったんや。張家口から半年ぐらいウマとラクダに乗って、寒風吹きすさぶモンゴル草原を行った。寒かったなあ。

小山　梅棹さんのものの見方は、**常識にとらわれず、まず実践ありき**。自分で確かめるところにあるのだと思います。一緒にモンゴル草原に行った中尾さんは本当にすごい人でしたね。

梅棹　中尾っていうのは、えらい人やった。

小山　中尾さんのエピソードで一番びっくりしたのは、張家口に試験管を送るときの話です。

梅棹　張家口に行くとき、わたしは「一本一本を紙で包んで」と考えた。そしたら、「アホか、そんなもん。大丈夫だ」と、行李の中に試験管を全部ガチャガチャッと入れてボーンと送りよった。そうしたら本当に、一割ぐらいしか壊れてなかった。中尾という人は、そういう非常に独創的な発想を持っていたな。

小山　梅棹さんの周りには、そんな合理主義者の連中が集まっていたんですね（笑）。**固定観念に縛られない。大雑把というか、物事にとらわれない、本質を突いた発言をする。**梅棹さんは当代選りすぐりの常識人だと思っていたんですが、ほんとうは常識はずれの人でしょ（笑）。

梅棹　そうか？

小山　梅棹さんたちは、**まず「ほんまやろか」と疑ってかかる。**猜疑心というほどのものではないのですが、いつも何でも端《はな》から信じてしまうのではなく、「それ、ほんまやろか」と思っている。

梅棹　たしかにそうやね。中尾がまったくそういう人やった。新しい話を聞いても、「君、それ自分で見たのか」って言う。「いや、どこそこに書いてありました」と答えたら、いっさい信用しない。**自分で見たことしか信じない。**それで何か言われても、「へへん」って、せせら笑いよる（笑）。

小山　にくらしい（笑）。ぼくが民博（国立民族学博物館）に入った頃、中尾さんが何かの会で東京へ行って「ふん」と言った。それだけで、東大が大騒ぎになったことがありました（笑）。あの頃、学際研究とかがさかんだったでしょ。中尾さんは質問の答えに「ふん」と言った。「その意図は奈辺にありや」と大騒ぎになって。

梅棹　**どんなに偉そうなことを言っていても、そんなもん、こっちは全部、**

すでに本で読んでるわけです。だから、しょせんそれは受け売りや。わたしはある意味で不勉強でよかったのだと思う。あまり他人の書いたものを一所懸命、読んでいない。一応読んではいるけれど、それほど没入することがない。**自分の足で歩いて、自分の目で見て、自分の頭で考える、これが大事や。**他人の書いたものを信用していない。

小山　（笑）実に個性豊かというか、頑健というか…。一つひとつについてものすごくよく見ているのであるが、そこから何かがひらめくということですね。

わたしは全部、自分の足で歩いている

小山　牧畜民のフィールドに足を踏み入れたのは、梅棹さんがはじめてですか。

梅棹　それまでは日本の民族学のフィールド・ワークの対象はアイヌしかなかったと思う。それも、アイヌの言葉ができないから、みないいかげんなものやった。現地語をマスターしてやった

のは、わたしらがはじめてです。それまでもモンゴル研究をやっている人はいたけれど、モンゴル語のできる人はいなかった。

小山　言葉は大事なキーですが、もうひとつむずかしいのは「モンゴル頭」、つまり牧畜民思考ができるかどうかですね。現地の人になる、それがなかなかできない。そこが梅棹さんのおもしろいところだと思うんです。

梅棹　わたしが一番最初に遭遇したのは満州のオロチョン。狩猟民です。

小山　オロチョン語で話していたんですか？

梅棹　オロチョン自身は、おおかたロシア語でした。それでわたしはロシア語を覚えた。

小山　大興安嶺探検のとき（一九四二年）ですね。そのときに一緒だった人たちは案内役ですか？　トナカイの群れを連れた家族とのことが書かれていますが…。

梅棹　トナカイ牧、牧畜やね。トナカイは雌でも全部ツノがあるんです。ダーッとツノをゆり動かして森の中から出てくる。そういうトナカイの群れが実に爽快だった。

小山　張家口のときの話に戻ると、たとえば梅棹さんがいた西北研究所では毎日、活発な知的論議がかわされていて、一種の「フロンティア・インテリゲンチャ」みたいな雰囲気が生まれますよね。「わし、いまあそこやってんねん」とか、「あそこおもろいことあるで」とか、「こんなのもあるで」というふうに情報がワーッと集まってくる。そういう状況ってものすごくおもしろい。胸がドキドキします。

梅棹 「フロンティア」というのは間違いなく興奮する。一九五五年の京大カラコラム・ヒンズークシ探検で中央アジアの辺境にいたとき、「日本が南極をやるぞ」ということをはじめてニュースで聞いたときも、みんなものすごく興奮したな。

小山 梅棹さんは一九四〇年にはもう、樺太で、南極探検をやりたいからってイヌぞりの実験をしてたわけでしょ。

梅棹 はじめて学術論文ふうのものを書いたのが「犬橇《ぞり》の研究」だった。

小山 一九四〇年に「南極や」と言っていた学生たちが京大の探検地理学会にいて、厳寒期の樺太でイヌぞりの旅行を試みた。そのメンバーには、今西壽雄さんや先ほどの中尾さんなんかもいて、三高生だった梅棹さんも参加した。

はじめての南極「観測隊」は五六年でしたね。

梅棹　南極は「観測だけでなく探検せよ」だったのだけど、そのときの隊長が探検の意味がわからないようだった。だから地球物理学の観測だけになってしまった。

小山　こういうことはヘッドの資質によるんですな。ヘッドがやろうと言っていれば、南極をあちこち走り回っていたかもしれない。でも、観測隊の副隊長で越冬隊長だった西堀榮三郎さんはちがうでしょう。

梅棹　そう。あれは探検家や。西堀さんは、「石橋を叩いていては渡れない。とにかくやってみい」っていうタイプだった。

「文明の生態史観」も足で発想した

小山　梅棹さんの評価を不動のものにしたのは「文明の生態史観」（一九五七年）でした。これは、いつごろ、発想したんですか？

梅棹　それはいまでもはっきり覚えている。一九五五年のカラコラム・ヒンズークシ。アフガニスタンで発想した。とくに、カーブルから車でインド亜大陸（インディアン・サブコンティネント）を通って帰ったときに、ユーラシア大陸における文明の構造というものがはっきり見えてきた。

小山　アフガニスタンからパキスタンを通ってインドへ入ったときのことですね。

梅棹　サブコンティネントをずっと通って、一か月ぐらいかかってカルカッタまで行った。インドというところはこわいところで、そこを通って帰ったために、わたしの人間観が変わってしまった。とくに大きかったのは、ヴァーラーナシー（ベナーレス）。「これが人間というものか」と。こんなん、いままで考えていたようなやさしいものと違う。

小山　何を見てですか？

梅棹　ヒンドゥーの行者たちを見て、「人間の極地みたいなもんやな」と。ヴァーラーナシーのガンジス川の岸辺で人間の死体を焼いてる。ガットという川岸の火葬場があるんです。それで、ガンジス川にプカプカと死体が流れていく。ところが、人間はその川で平然と水浴びをしてる。

ほんま「気持ちの悪い社会やな」と思った。

小山　一方のヨーロッパは、それまでにもう行ってたんですか？

梅棹　具体的に経験するのはもっと後やけど、ヨーロッパについてはじゅうぶん理解していた。

小山　アイデアの基ははっきりあったわけですね。「一台の車で二人のドイツ系アメリカ人と一緒にしゃべりながら帰ってきた」と書かれていますが…

梅棹　シュルマン、ランダウアーの二人。わたしのヨーロッパ理解は、シュルマンに負うところが大きい。シュルマンは、「文明の生態史観」の原型みたいなものがはっきりとわかっている人だった。「ああ、日本はヨーロッパと同じです」と、はっきり言った。わたしはそれまでそんなこと思ってなかったから、びっくりして。「ええっ！」っていう感じでいろいろ話してみた。そしたら、「ほんまや。同じや」とわかった。それから日本に帰ってきたが、日本で見聞きすることは、いちいちそのとおりだと思った。「ああ、これヨーロッパと同じや」って。

これまでの東洋という概念が成り立たないのや。それまで通ってきたインドが東洋なら、日本は東洋ではない。日本が東洋なら、インドはもうぜんぜん東洋とちがう。インドで会った日本人の学者も、「ここは中洋です。西洋ではありません、東洋でもありません」って、うまいことを言っていた。まあ、イスラームはよっぽど簡素で清潔やけど、ヒンドゥーはこわい、おそろしい世界や。

小山　それと対照的な本家本元のヨーロッパにいきましょう。最初に行ったのはスペイン、続いてイタリアですね。しかしイタリアでも南と北とでは…

梅棹　ぜんぜんちがう。イタリアには三つの部分がある。一つはイタリア・コンチネンターレ、これはミラノを中心としたポー川流域です。二番目がイタリア・ペニンシュラ、これはローマ近辺。それで三番目がイタリア・インシュラーレ、これはシチリアですが、ここは直接は知らない。

小山　イタリアは農村部に入ったんですか？

梅棹　山村やな。ちょうど日本で言えば甲州の山村のようなものと思ったらいい。ローマに近いんやけど、アペニンの裏側みたいなところ。そこにしばらくいた。まあ、ひどいところで、ローマから見たら隣の村のようなところなのに、トイレのある家が一軒もない。ベッドもなくて、長椅子の上で寝てたり、板に藁を敷いて、そのなかにくるまって寝ている。それでわたしは、

ヨーロッパというものの実体がわかったと思った。

わたしのヨーロッパ体験は、イタリア、スペイン、バルカン、ユーゴスラビアの北のほうでベオグラード、あのあたりです。ベオグラードには長いこといた。それからツルナ・ゴーラ（モンテネグロ）。そんなへんなところにいたので、ヨーロッパの印象は、ふつうの知識人とはかなりちがう。**ふつうの知識人は、ヨーロッパといえばロンドンとパリのことしか知らない。**もちろん、わたしはロンドンもパリも知っている。しかし、そこで生活はしなかった。わたしのヨーロッパにおける生活の本拠は、やっぱりツルナ・ゴーラみたいなところだったから、ぜんぜんちがう。でも、それがヨーロッパや。

小山　和辻哲郎さんなんかはもう、ヨーロッパ賛美でしょ。

梅棹　和辻さんという人は、大学者にはちがいない。ただ、『風土』はまちがいだらけの本だと思う。中尾がつくづく言ってた。「どうしてこんなまちがいをやったんだろうな」と。

小山　**机上論とヨーロッパ教。**

梅棹　そうや。どうして『風土』などと言っておきながら、ヨーロッパの農場に雑草がないなどと、そんなバカなことを言うのか。どうしてそんなまちがいが起こるのか。中尾流に言えば、「自分の目で見とらんから」です。何かもう非常に清潔で、整然たるものだと思い込んでいる。ヨーロッパの猥雑さというものがどんなものか。そんなことが、現地で見ているはずなのに、どうして見えないのか。

小山　見せかけにだまされているのですか。

梅棹　見せかけにだまされるのならまだいい。それとちがうな。あれは思い込みや。

わたしが「ヨーロッパ探検」などと言い出したので、びっくりされたこともあった。「ヨーロッパは学びに行くところであって、調査に行くところとちがう」と。それでわたしは怒って、文部省にガンガン折衝して、ヨーロッパがいかにそういうイメージとちがうところかということを説得した。「あんた、ヨーロッパのちょっと田舎のことがどれだけわかってるのか」と問い詰めると、何も知らない。「学びに行くヨーロッパ」がいかに「ヨーロッパの本質」とちがうか、それがわからない。民博設立のベースには、多少そういうものがあったと思う。

小山　まだパリやロンドンの体験がないのに、ヨーロッパはそんなものとはちがうって言い切れる自信はどこにあったんですか？

梅棹　それはやっぱり中国大陸とインドの体験が大きい。中国とインドを知っている。その延長としてのヨーロッパがあるっていうことだったんやないかなあ。もうはっきり覚えていないから、ちょっとちがうかもしれんけど。

小山　ヨーロッパはみんなが言ってるのとちがう、そんなはずはない、と思われたんですか。それで見に行こうと。

梅棹　そう。それで、ヨーロッパへ行ったんです。一九六七年と六九年。それもパリ、ロンドンとちがう、いきなり田舎に住みついてみた。わたしが最初に行ったのが、北スペインのビルバオという町で、わたしはそこでスペイン語を習った。晩になると、大学教授の息子の高校生から口移しでスペイン語を習う。そうやって、朝から晩までスペイン語漬けにさせられた（笑）。あの頃は、スペイン語にはまったく不自由しなかったな。もういまはだいぶ忘れてしまったけれど。それでも、いまだにスペイン語とイタリア語は、かなりの程度残ってるように思う。フランス語はかなりあやしくなっているし、ドイツ語はだめや。むしろロシア語のほうがええな。

小山　イギリスについては、どう思っておられるんですか。

梅棹　イギリスはどうということはない。日本みたいなものやな。「あそこは日本や」と思えば、よくわかる。ただし、一般に言われているのとえらくちがう点があります。わたしの印象が強いのは、ロンドンの汚さ。汚さというのは、不潔とはちがう。ものすごいゴミがある。紙をあちこちに散らしていて、それで公園なんかに行ったらもう汚いこと。ああいうところは、**みな見てるはずなのに、どうして言わないのか。**しかし、ともかくわたしはイギリス人はわかる。フランス人よりもわかるのじゃないかな。

小山　ヨーロッパにおける大陸とイギリスを考えてみるのに、アジアにおける大陸と日本を対比させてみたらよくわかると講演で言われていたことがありますよね。向こうは宗教が共通のものがあるから、ちょっとちがうけれども。

「文明の生態史観」は、ユーラシア大陸の理論ですね。

梅棹　それまでに中国体験があって、インドを通って帰ってきた。それを通して、インドを理解し、アジアを理解した。それで、「日本がアジアやなんて、アホなことがあるか」って書いた。実際、日本に帰ったときに、「これがアジアか？」と思った。ほんとうにちがう。カルカッタの雑踏と東京の空港の清潔さ、簡素さ。それはすごいちがいです。

　カルカッタの鉄道の駅の猥雑さといったら、もうびっくりする。その汚い鉄道の駅のプラットホームに、家畜のかごを持った人がいっぱい座っていて、家畜を連れて汽車に乗ってくるんです。自動車道路のわきにも人が寝ている。自動車道路ですよ。わたしには中国での体験があるから、それほど驚きはしなかったけれど。

　信じられないような話やけど、中国で二年間生活していたとき、朝、研究所への通勤途中、道端でウンチしてる人がいっぱいいいた。ほんとうにすさまじい社会やった。道端に男がザーッと並んで、ウンチしてるわけです。

小山　その前に見た牧畜民は非常に簡素で清潔で、さっぱりしたものと。

梅棹　北アジア、西アジアはそうね。その前に、張家口でイスラームを見ているのが伏線になっている。張家口に大きなイスラーム寺院があって、アホンというイスラームの聖職者がいた。何もないが、さっぱりしていた。

小山　アラビアのロレンスもそう言ってましたね。中国ともちがうんですか。

梅棹　ぜんぜんちがう。わたしは二年いたから、中国のことはよく知っている。それから後も、中国三〇州を全部歩いている。そこまでした人間は、中国人にもほとんどいないと言われたけれど、**わたしは全部自分の足で歩いている。**向こうで生活していてわかったんやけど、中国というところは日本とはぜんぜんちがう。「なんというウソの社会だ」ということや。いまでもその考えは変わらない。最近の経済事情でもそうでしょう。食品も見事にウソ。ウソと言うと聞こえが悪いけれど、要するに「表面の繕い」です。まことしやかに話をこしらえるけれども、それは本当ではない。

小山　梅棹さんは「中国を信用したらアカン」と言ってましたね。

梅棹　いまでもそう思う。しかし、ある意味で人間の深い心の奥にさわってる。人間の心の奥に、おそろしい巨大な悪があるんやな。中国にはそれがある。

それでも中国は道徳的世界やから、表面を繕ってきて、でっちあげたりする。コテコテ文化やな。ヒンドゥーはこの道徳的世界とはまったくちがいます。ヒンドゥーはむき出し。人間性の一番いやなところ、おそろしいところが目の前にある。

小山　臓物をひらいて見せられたような気がしたわけですか。

梅棹　そうやな。

梅棹は、体験としてはインドが最初で、ヨーロッパはあとで確認したという。一九六四年にモスクワであった国際人類学・民族学会議に出席したあと、フィンランドへ出て、ヘルシンキから帰って来たのが、最初のヨーロッパ体験だった。

梅棹　最初にヨーロッパに行ったとき、「ああ、思ってたとおりやなあ」と。ということはつまり「日本と同じ」ということ。ヨーロッパはほんとに日本と同じで、全部わかった。

小山　ヨーロッパの核だと思ったのはどの国ですか？

梅棹　これぞヨーロッパだと思うのはフランスかな、いやむしろイタリアかな。

イタリアはおもしろいよ。わたしはイタリアが大好きや（笑）。言葉も、ヨーロッパ諸語のなかでは、イタリア語がいちばんうまくできるんやないかな。エスパニョーラもいけるんやけど、イタリアーノのほうがいい（笑）。イタリアもウソが多い国やけど、おもしろい国やな。

小山　中国に似ているんですか?

梅棹　ちょっと似てるけれど、だましとはちがう。あれは「見せかけの文化」やな。だからデザインが非常にいい。彼らの哲学として、「見せかけこそ本質である」。見かけがよければモノもいいという思考がある。

小山　見かけといえば、民博で梅棹さんが「君ら汚い格好せんと、スーツにネクタイして、きちっとしてろ」と言ったのを思い出します。ジーンズはダメ。白衣もダメ。

梅棹　それからサンダルもあかん。

小山　大学から来た人は、白衣、サンダルというのが普段の格好で、教室で着替えるのは常識でした。

梅棹　行儀が悪い。まあ、それはわたしが京都の人間やからという、別の理由もあった。京都人は行儀がいいですよ。「きちっとしていないとあかん」というのがあって、白衣なんかで歩くのは、ものすごく行儀が悪いと思った。

小山 京大の先生がそれをやるのは、田舎から来てるからですかね（笑）。

梅棹 そやそや（笑）。そういえば君は讃岐の出身やったな。

小山 （笑）司馬遼太郎さんと梅棹さんが話したときに同席したのですが、四国の人がどれほど関西に行儀の悪さを持ち込んでいるかで話が盛り上がった。

梅棹 野蛮で、行儀が悪い（笑）。

小山 コテンパンでした（笑）。

歴史を知らずにものを語るな

梅棹 「文明の生態史観」は、少なくともアジアとヨーロッパの両方が見えていて、ちゃんとわかっていないと理解できないと思う。わたしは若いとき、学生時代から、いまの東方文化研究所、東洋学センターの流れのなかに入ってる。

小山　それは桑原隲蔵さんとか宮崎市定さんですか。

梅棹　みな知っているけれど、わたし自身が親しくつきあったのは藤枝晃や。これはおかしい人やったな。しかし、ほんとうの大学者でした。実に学識が深くて、それが京都の東洋学を一身に体現していた。わたしは藤枝さんの弟分みたいになっていたから、それこそ毎日議論していて、それで影響を受けた。

張家口では、なかなかストーブが燃えなくて、いつでもきばってストーブに火をつけようとするんやけど、うまいことといかん。それで、煙がもうもうと出て（笑）。「藤枝さんがまたやっとるぞ」と言ってると、たぬきのおっさんみたいに燻《いぶ》されて出てくるわけ。

小山　その燻されて出てくる（笑）藤枝さんと議論していたわけですか。

梅棹　議論というか、相当に影響を受けた。とにかく人間的にはちょっとおかしい人だったけれどね（笑）。たいへんな大学者だった。「東洋学の権化」みたいな人やったな。その影響を受けているから、わたしは東洋学の流れのなかにいるのや。「文明の生態史観」も東洋学のなかに入っているといったらいいやろうな。そして、名前のとおり「生態学」。生態学という流れを理解してほしい。

小山　先ほど話に出たシュルマンは、「世界は気候図でちゃんと分かれる」と言ったケッペンみたいな人ですか？

梅棹　いや、ちがう。シュルマンは歴史家。まあ東洋学やな。

小山　生態学では環境とか気候のほかに他の要因とのバランスがある。生態史観という観点から、生態という部分が多くの人の理解から一番落ちているところですね。

梅棹　そう。みな「生態」がぬけてしまっている。とくに生態史観の基本になっているのはサクセッション理論、これは歴史論なんです。自分自身の力で変革をして、次のものに変わっていく。それがまた次へ変わる。これがサクセッションです。

小山　そういうダイナミックな発想で……やっぱり梅棹さんは理学博士。ちがうところですな。日本の学者、文科系の人は理学の教養によわい、とくに数学が苦手。

梅棹　なんでこんなことがわからないのかと思う。ほんまに知らんもんやな。わたしは、東洋学の伝統、それと生態学の伝統の両方からきている。

小山　生態史観は世にもてはやされることになりましたが、みんな、わかってるのかな。

梅棹　一番、あぶないなと思うのは、みなさん歴史を知らん。東洋史を知らん。東洋史の中心地は中国の歴史だということは、みなさん、もうひとつよくわかっていない。東洋学というのは、大きな学問の流れなんです。

現象があるところに真実がある

梅棹　わたしはやっぱり科学者やな。現象があることは事実、現象として見ていたらおもしろい。現象論です。現象として、そういうこともあろうかと見ている。人生、生きていることの内容として、そういうこともあろうかと。

小山　梅棹さんは現象については語るけれど、解決方法については語らない。腑に落ちない現象、これ、おかしいなという現象はあるでしょう？

梅棹　それはある。それを見てたらええやん。現象はおもしろいわな。

小山　現象論から発言して滅びていった人が、どれほどたくさんいることか。賢いのに。梅棹さんも一時、そう見られていたと思うんですよね。おもしろいコメントが出てくる。それで「梅棹さんはジャーナリストだという人がいる」って言われたことに対して、「アホか」って一言書いてある（笑）。梅棹さんの場合は現象論から本質論に切り込んでいく。洞察力の問題ですかね。

梅棹　わたしのは文明論ですよ。世相論とちがう。世相時評論とちがう。文明論だから、時評はやっていない。だいたい時評をやるからおかしくなるんです。時事評論みたいなことは学者としてやったらいかん。

小山　みんな必死になって勉強して、考えて、梅棹さんに挑んでいこうとしているのに、「いかん」といわれたらガクッとくるでしょうね。

ＩＴは信用しない。自分がやっていないから

小山　梅棹さんがおもしろいのは、いまのＩＴについては何も言わないというか、信用していないこと。それは「自分がやってないから」っていうものすごく単純なことであるのに気がついた（笑）。自分でやっていれば、「あれは」って何か言うはずなのに、「いや、わたしは知らん」。梅棹さんは「自分で見て、自分でやらな、信用せん」。

梅棹　それははっきりしてる。

要するに、わたしは自分で見たものしか信用しないし、他人の繰り返しはできないのや。

第　二　章

文章は誰が読んでもわかるように書く

——記録と記憶の技術(1)

梅棹の文章は誰が読んでもわかる。徹底して、複文を使わない。自分の文章は、小説家・芸術家のそれではないという信念がある。

科学論文は英語でしか書けないという学者の意見も、真っ向から否定してきた。

みんなむつかしい文章書くよな。単文の連続で書かんと

小山　今度は文章の話です。まず、文章も、人が読めるように書けというのがひとつ（笑）。『日本文明77の鍵』のとき、ぼくは文章をきびしく直された。複文はイカンと。そもそも複文って何ですか？

梅棹　文章の中に文章が入っている。二重構造になっている。

小山　それ、よくやるんです。

民博が始まった頃、若手を登用して新聞連載をしようとして、「途中で投げ出してしまった」と言ってたでしょ。何が悪かったんですか？

梅棹　みんな、むつかしい文章、書くからや。複文というのはわかりにくい。単文の連続で書かんと。

小山　だけど、むずかしい文章を書いたら、かっこいいじゃないですか（笑）。

梅棹　それがいかん。それが一番だめなこと。「かっこええ」と言うけれど、科学はかっこう

ではできない。われわれの仕事は芸術と基本的にちがう。芸術的にすぐれているフリをしたらいかん。そんなことは、われわれにとって、どうでもいいことや。

小山　むずかしい言葉とか表現はあかんというのですか?

梅棹　あかん。それで、わたしは自分の文章を、こんにち振り返って、「何と美的でない!」と思うな。芸術的でない。

一番いかんのは、美的にかざること。それで、何かいいものができたみたいに思う

小山　そういえば、専門的なことを書いていて、わからなくなると、むずかしい漢字や言葉を使ってごまかしてしまう(笑)。

梅棹　そう、ごまかしや。一番いかんのは、美的にかざることやな。それで、何かいいものができたみたいに思う。スケッチも文章も同じや。

小山 ムダな形容詞が多くなるんですかね？

梅棹 とにかく、文章で一番大事なことは、わかるということ。自分もわからないくせに、そのわからない言葉を使う。それは、かざってるからや。

小山 かざりは、かっこいいと思っていたけれど。こりゃ、だめだ（笑）。

梅棹さんの著作のなかで「自分の納得のいく文章を書くこと」というのが、よく教科書などに使われるそうですね。

梅棹 そういうこと。みんながこれはかっこいいと思う文章は、わたしが見たらほんとに「あかん文章」やな。自分で何のことかわかってんのか、それで納得いってるのか、と思う。

わたしの文章は一種の設計図みたいなもの。
文学とか文章道とかといったこととは関係のない話

小山 日本語が科学的叙述に向いてないと言う人がいますよね。

梅棹　どういう人がそんなこと、言うてるんや？

小山　よく聞きますよ、主語がないとか。

梅棹　主語はない。しかし、主語があったら、何でそれがいいのか。主語は文章を書くときたてるものであって、日本語が主語をあまり使わないという話とは全然別のことです。主語は、自分がこの文章を書くときに、これが主語であるとたてなければいけないものであって、それがないから論理的に書けないというのは、自分の思考法が悪いんや。

小山　わたしが、とか、ぼくが、とかいうの、書く必要はないわけですか。梅棹さんは、科学的論文は日本語で書けると。

梅棹　書けますよ、書いてきたんやから。ちゃんと書けます。

梅棹はこう書いている。

「文章をかくうえで注意をしている点は、当然のことですが、よんだ人にわかってもらえるということです。（中略）いちばんはっきりした規準は、自分にわかる、納得がいく文章をかくことでしょう。自分で納得がいかなければ、人がよんでわからないのはあたりまえです。（中略）わたしの文章は、文学とか、文章道とかといったこととは関係のない話であって、要するに一種の設計図みたいなものです。図面には、まちがいのないように、きちんと線がひいてある。それは、規則どおりかいてあるからそうなるんだ、そういうつもりでかいているんです。それは極端にいえば、いかにうまい文章をかくかというようなこととはまるでちがう話で、どれだけ約束ごと、原則を厳密にまもるか、というようなことです。」（『人生読本　文章』一九七八年、河出書房新社）

小山　いかにうまい文章を書くのかとはちがうと、いつも意識していたのですか。

梅棹　それはいまでもずっと、そう思っているね。

小山　明快ですね。

梅棹　明快や。しかし美的でないな。

小山　いや、梅棹さんの文章にはリリシズムがあるとか、意外なほめ言葉を聞きますよ（笑）。

梅棹　それはわかりやすいからでしょう。

日本語でも科学論文は書ける

小山　梅棹さんの文章にも文学的素養があると思います。若いころのものですが、水を表現するときの「どことなくしろっぽさをもったはな色の」のような……

パラオにつく

　黒潮をのりきってからは、海の色は日ましに南海らしくなってきた。なにもせずとも、その色をみて、気持ちをやすめるためにだけでも南洋へいってみよう、というひとを出現させるその色なのである。ふかぶかとコバルト色をたたえて、むしろときには薄むらさきをさえ感じさせるようなはなやかさで、北の海のオホーツクなどの緑藍にちかい海の色とは、これはまたたしかにつよいコントラストである。どことなくしろっぽさをもったはな色は、しかしこれがほんとうにあの有名なサンゴ礁の底まですみきってみえるという、すきとおった熱帯の水だろうかと、ちょっと疑念をもたすほどに、染料をとかしたような一種の不透明さを感じさせることはたしかである

けれども、……（梅棹忠夫著「紀行」〈編著〉『ポナペ島―生態学的研究』一九四四年、彰考書院、傍点小山）

梅棹　どうかな（笑）。文学的素養はないと思うよ。しかし、逆に、**文学者の科学的教養があまりにもないことに驚いたことがある。**芥川龍之介の作品はおもしろいけれど、紀行文はまったくつまらん。上高地紀行があるけれど、そこにあれだけの壮大な自然、前にダーッと、西穂、前穂、穂高連峰が並んでいる、あの上高地の、あんな壮大な景色を見て、全然感動していない。見えていないんや。ただ、あそこに河童橋という橋がある。そこの河童というのにひっかかって、それで彼の名作『河童』の話が生まれる。

小山　山のエッセイは……

梅棹　書いているけれど、何とも貧弱なもんや。

小山　文章は、言葉の出し入れとか、そういうのじゃなくて、切り口でしょう。梅棹さんの文は外国人にはわかりやすいが、日本人はあっさりしすぎているとか、短かすぎるとか思うようです。

スパッとひとことで言う。ただ、あんまり装飾が好きじゃないというような感じはする。科学的なんですよね。

梅棹　そうやな。基本は、文章は美的な語りをやったらあかんということ。

小山　とくに学者の、美的というより権威主義ですね。

梅棹　まさに虚飾やな。

第　三　章

メモ／スケッチと写真を使い分ける

——記録と記憶の技術(2)

梅棹には、手書きで記した膨大なノートがある。きちんとした楷書で書かれ、誰が読んでも何が書かれているのかがわかる。

さらに、梅棹の記録を特徴づけるのがスケッチだ。生活用具や装飾品などの細かい部分まで確認しながら精密に描き、寸法や呼称、特徴など気づいた点が書き込まれている。

大ベストセラー『知的生産の技術』の原点は、これら梅棹の記録と記憶の技術から生まれたといえ、そこで紹介されたカードを使った記録法は、のちに「京大式カード」として売り出され話題になった。

メモは自分があとで見てわかるように書かなあかん

小山 梅棹さんのノートを見ると、きっちり楷書で書いてあるんですよね。ぼくなんか急ぐものだから、ぐちゃぐちゃって書いてあって、まるでギリシア文字で書いたみたい。自分にも読めない。あとで何が何やらわからんわけです（笑）。これもやっぱり科学的な秘密のひとつなんでしょうか。きっちりわかりやすく書く。くずし字しない。

梅棹 メモでもノートでも、**あとから自分が見てわかるように書かなあかん**わな。

小山 よもや将来目が見えなくなるなんて、想像しませんものね。

梅棹 ほんまやな。これはまったく計算外やった。失明するなどとは、まったく予想してなかったな。

小山 でも、こういうシステムで整理しておいたから、失明しても、みんなが使えるんですよね。記録はすべて楷書で書いている。自分の軌跡を楷書できっちり書いている。

写真では細部の構造がわからない。目で見てたしかめて図に描く

小山 梅棹さんは、よく写真や絵を学術論文にも使いましたか?

梅棹 論文それ自体のためには、牧野四子吉《よねきち》さんに描き直してもらったりしてた。動物なんかはとくに。

小山 モンゴル、アフリカでスケッチされた道具類の絵は、もうほとんどそのまま使えるようなものですね。

梅棹 そら、わたしは描ける。それも、かなりあるんじゃないかな?

小山 イヌぞりの実測図は、全部、寸法も測りながら、とってますが。

梅棹 あのときは、樺太のイヌぞりの形態と機能について、絵を描いている。

小山 そういうときに写真でなく絵を描くことの意味とは何なんですかね? たしかに絵は文章よりわかりやすいと思うんですが。

梅棹 そう。写真ではあかん。**写真では細部の構造がわからへんのや。目で見て、**

構造をたしかめて、その構造を図に描くんやからね、ようわかる。

小山　目でたしかめていくわけですね。

梅棹　写生をするということは当然、そういう作業を伴う。写真ではそれがない。写真もたいへん有用、役に立つけれど、ちょっと絵とは機能がちがう。フィールド・ワークの補助手段としては、写真よりも絵のほうがずっといい。その場でシューッと線をひいて、欄外にメモが書きこめるから。

小山　描きながら、部分の呼び名なんかをメモしている。

梅棹　それが大事。呼び名と構造だな。そうやって、わたしは絵がためらわずに描けるんです。

小山　でも絵が下手な人は、どうしたらいいのかな。これは一種のセンスですか、経験ですか。

梅棹　まあ、両方あるやろうな。わたしは子どものときから絵がうまくて、「この子は絵描きにせえ」って言う人と、「この子は絵描きにだけはしなさんな」と言う人があったんです。「絵描きでは食えませんからなあ」って言って。

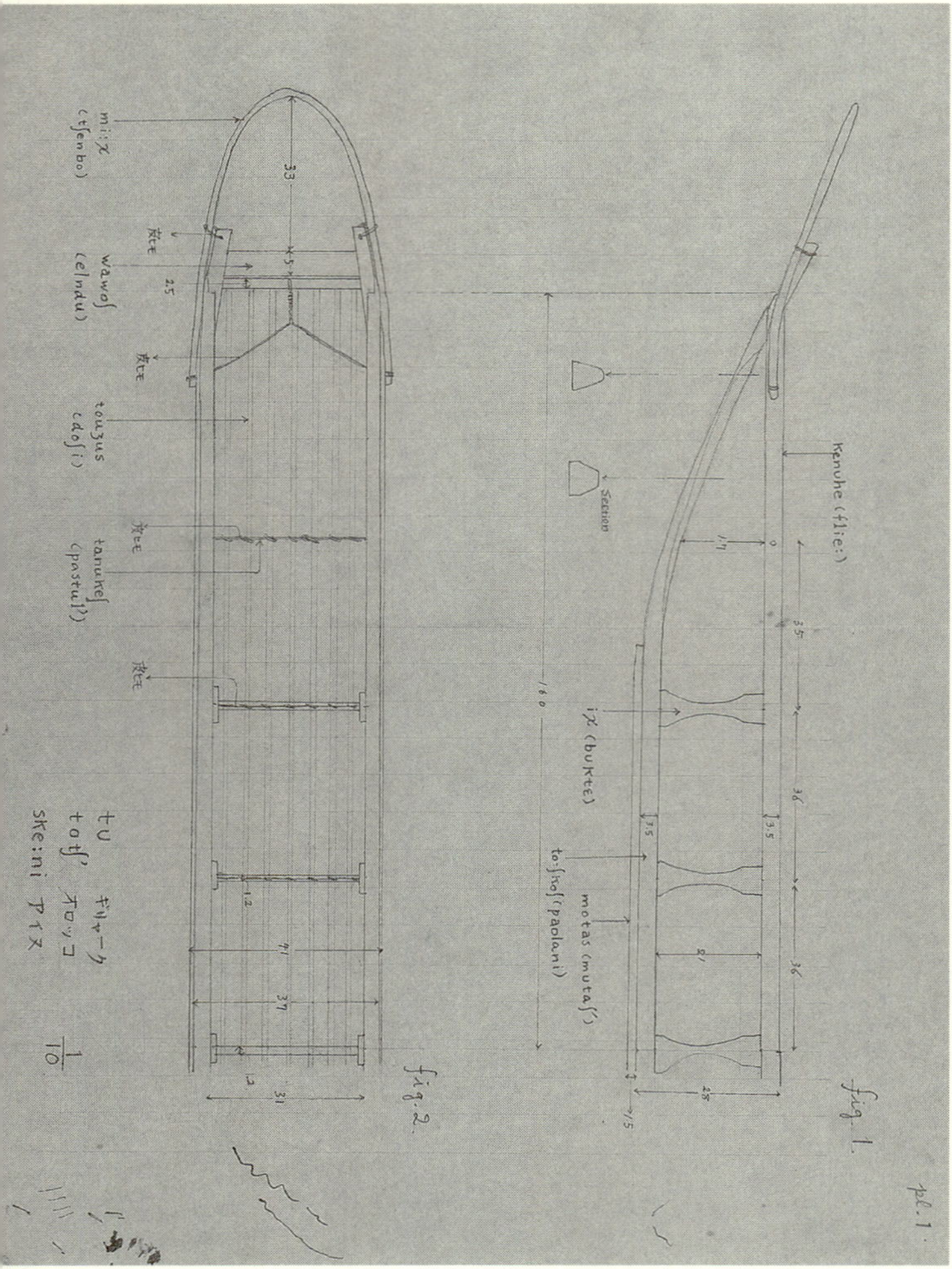
pl. 1
fig. 1
fig. 2
Kenuhe (flie:)
Section
iχ (bukte)
to:ʃnoʃ (paolani)
motas (mutaʃ)
mi:χ (tʃenbo)
wawoʃ (elndu)
touzus (doʃi)
tanukeʃ (pastuʃ)
1/10

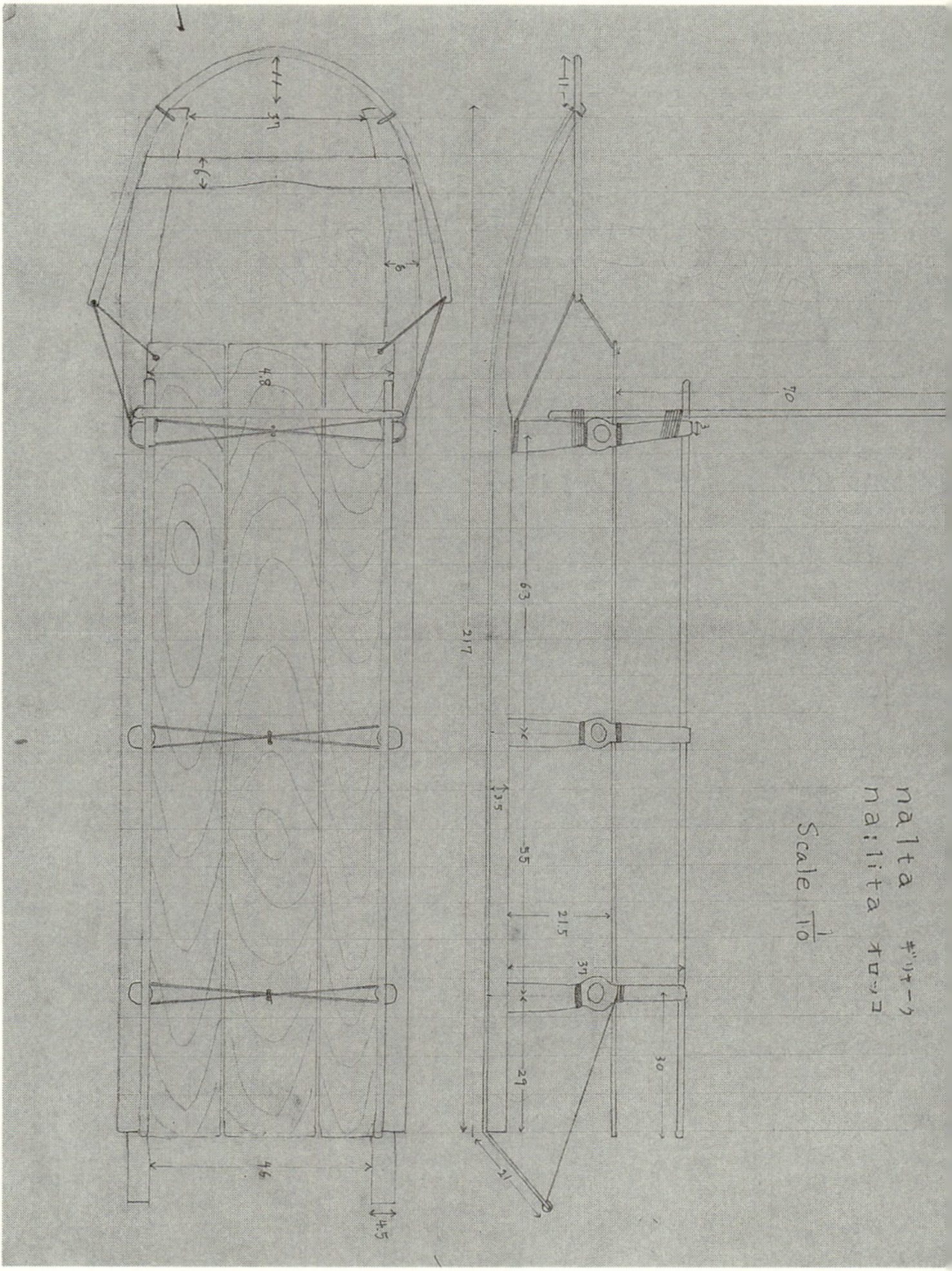
nalta ギリャーク
na:lita オロッコ
Scale 1/10

小山　しかしまあ、細部まできっちり描かれてますなあ。

梅棹　絵を描くとたしかめるからな。

小山　たしかめるというのは、サイズをたしかめ、機能をたしかめ、それから現地語の呼び方をたしかめ……

梅棹　そうそう。そのためには、ある程度、現地語の基礎知識がいる。言語構造と、フォネティックス（音声構造）がわかってないといかん。

小山　ものさしで測りながら描くんですか？

梅棹　ものさしはいつでも持っていて、しょっちゅう使ったわ。アフリカでもずいぶんフィラーノートに描いたな。あとでミシン目で切りとり、穴を使って綴じたりできるんや。

わたしのはやっぱり科学者の絵。スケッチして、それにどんどん注釈を入れていく

小山　ああ、いっぱい描いてますね。それもちゃんと測ってるところが、えらい。

梅棹　（笑）やっぱり、科学者の絵なんやな、芸術家とちがう。科学者の絵やから原理がちがう。

小山　きれいに見えるよりも、機能がわかる。

梅棹　わかるということや。芸術家の絵と科学者の絵とは、基本的にちがうんです。きれいに描こうとする必要はない。それよりわかるように描く。

小山　スケッチブックを持ちながら聞き取りするんですか？

梅棹　そう。スケッチして、それにどんどん注釈を入れていく。

小山　そうすると、スケッチブック持って、聞きこみして、「これ、何と呼ぶんですか」とか、「これ、どうやってつくるんですか」とか、聞くでしょ？　それを別に書き取るということはし

ないんですか？　画帳のなかに全部集約していくんですか？

梅棹　ノートはひとつだったように思う。何もかも、書き込んであるから、日記であり、スケッチブックであり…

小山　だから、フィールド・ノートのなかにすごくスケッチが多いんだ。

絵でわかるように示す——理解するにも説明するにも図示は非常に大事

梅棹　そういうことや。ただ、ある時期、モンゴルなんかではノートとスケッチブックと、両方を持ってたんじゃないかな。

小山　モンゴルでは、スケッチは別の小さな紙に描いているし、手帳サイズのフィールド・ノートもある。アフリカではまた、フィラーノート。それとは別に言葉を集めた語彙集のノートがありますね。

梅棹　たしかに語彙集は別につくったな。「ダトーガ語彙」というやつだ。

小山　なるほど。それが梅棹さんのフィールド・ノートのつくりかたのひとつの基本ですな。ただ、しかしそれも才能となると、ぼくらにはついて行けない（笑）。

梅棹　才能は、はじめからあるのか、開発されるのか、ようわからんけれど、技術としては必要があって開発される面もある。

小山　ともかく、絵を描くものだと思えと。

梅棹　いや写真も使うよ。しかし、写真ではできないことがけっこうあるんです。構造の細部にわたって記録はできない。

小山　梅棹さんは小さいときに岡崎（京都市）の動物園に行って、動物の絵を描いたカードを買って帰ってきて、それを描き写すということをやったそうですね。やっぱり描くのが好きだったんですね。

梅棹　好きやね。わたしは自分でつくった動物のカードをたくさん持っていた。動物とか昆虫の絵を自分で描いた。

小山　梅棹さんの独特の視覚的な、目で見るという感覚ですな。いまの学者に対して、もっとスケッチをしろという気はありますか？

梅棹　すくなくともフィールド・ワーカーはスケッチをやらないかんわ。とくに、文化的な、民族学などをやる人、いわゆる物質文化やな、それは必ずやらないかん。「モノを見なさい」「絵をどんどん描きなさい」ということは言いたい。

それから、説明するのに図示というのは非常に大事なこと。絵で描いてわかるように示す。久恒啓一という人が図解法をやっているけど、図解法は何にでも使える。

小山　師と仰いだとか、影響を受けた人はいるんですか？

梅棹　絵の、か？　それはいない。しかし、絵描きさんの友だちはいた。

わたしが知ってるのは、さっきも言った牧野四子吉さんという人やけど、彼は京大の動物学教室と植物学教室の専属の絵描きをやっておられた。わたしはこの人の絵をずいぶん見ている。

小山　植物の描き方は流派みたいなのがあって、こう描かなければいけないというのがけっこう多いのではないですか？　ここの枝出すときに、ここの分枝のところはこういうおさえ方するんだとか。

梅棹 それはあるやろうな。動物でも、まちがったことを描いたらいかんからなあ。

とにかく正確に描きなさいということで、そのためには理解しなければいけない。だから、**絵というものは、わたしにとっては理解の手段であって、芸術的表現ではない。**構造理解の手段やな。実際のところ、風景のスケッチみたいなのはほとんどない。

ただ若いころは、風景も描いてるけれどね。わたしは絵の具はちょっと変わったものを使ってたんです。パステルというやつ。それでずいぶん絵を描いている。粉を固めたような棒みたいなものなんだけど、これはやっかいなことに、色を混ぜることができない。だから、たくさんの種類のパステル、一〇〇色のものを持って行った。

小山 おっ、自画像までありますね。芸術的なものも多少あるじゃないですか。

梅棹 ああ、自画像はある。それは芸術的です。

小山 ポナペで描いたアンドレアス。

梅棹 ああ、「猟師アンドレアス」という題のがある。

梅棹が描いた自画像（1937年8月）

小山　つよく印象に残っているのが、白頭山で道に迷って（一九四〇年）、木に登ってる絵を描いたでしょ。うまいものじゃないですか。

梅棹 そうか。まあ、ともかくわたしは、ためらわずに絵を描ける。

写真の秘訣は一歩踏み込め

小山 風景は、写真のほうがいいんですか？

梅棹 写真はそのため、というのもある。

小山 さきほど、「わたしは風景はあんまり描かなんだ」と言ったのは、つまり、写真は風景を撮る手段だったということですか？

梅棹 風景と、それから人物をずいぶん撮っている。

小山 ぼくは覚えているんですけれど、アボリジニのところへ行ったときに、近寄るとかみつかれそうなこわいおっさんに、遠慮してひいて写真を撮ってしまう。そのとき梅棹さんは、「写真の秘訣は一歩踏み込め、だ」って言ってましたよね。実際そうするのはたいへんなことでしたけれど。そういえば梅棹さんは、日本写真家協会の会員でしたよね。

梅棹　わたしは写真のプロですよ。

役に立つものはどんどん使え

小山　写真を撮り始めると、今度はスケッチをする時間がなくなりますね。
梅棹　いやいや、やっぱりスケッチはスケッチです。
小山　映像もよく使っていますね。使えるなと思ったのは、いつごろですか？
梅棹　民放が勃興してきたときで、ずいぶん民放がスポンサーになってくれた。それまでマスコミといったら印刷媒体しかなかったものが、それに映像が加わって、わたしらは非常によくそれを利用したんだな。
小山　やっぱり「情報産業論」のひとつのヒントかもしれないですね。これは、金になると言ったらいやらしく聞こえるけれど、これは使える。
梅棹　そう、そこは大事なこと。これは役に立つ。それは明らかだった。だから、**使えるも**

のはどんどん利用していったな。

映画にも関わった。自分で撮ったことはないけれど、シナリオを書いたことがある。行ったこともないところの探検の「希望のシナリオ」を書いてるんですよ。こういうものが撮れますよというのを、映画会社のためにつくった。

梅棹の著書『裏がえしの自伝』（一九九二年、講談社）で、「わたしは映画製作者」という文章がある。

「日映新社の担当重役の堀場伸世氏にあったとき。かれは、「どんな絵がとれるのか見当もつかないので、なんとかたすけてくれませんか」といった。それでわたしがこの映画の「シナリオ」を執筆することになったのである。それにしても、まったくむちゃな話である。だれもいったこともない場所である。わたし自身も、もちろんはじめての土地である。探検隊などというものは、おおよその行動予定はあっても、途中で何がおこるかわかるものではない。さまざまなハプニングがあるのが当然である。そういう不たしかな行動の記録映画をつくるのである。そのためのシナリオなど、かけるわけがない。それでも、（中略）わたしは『シナリオ』をかきあげた。」

小山　いま、コンピュータの時代になったけど、「コンピュータなんか使ってはいけない」みたいなことを言う学者もいます。けれど、梅棹さんは、役に立つものはどんどん使えと。

梅棹　どんどん使ったらええ。

急ぐときとおおまかな印象をつかむのは写真。細部を見るのはスケッチ

小山　いい写真を撮るコツというのは何ですか？

梅棹　それはまず、あたりまえのことだけれど、ピントが合っているとかいう最低限度の技術がいるわな。ピンボケではどうしようもない。構図もそうやけどな。あとは、しかし、素材を見分ける目や。目が、写真を撮ることによって、また磨かれる。スケッチと同じや。ものを正確に見

る目。だから芸術写真と、およそやり方がちがうと思う。

小山　よく写真のプロは、たくさん撮れって言いますよね。

梅棹　そう、たくさん撮らなければだめ。

わたしの場合、一般の人と非常にちがうと思うのは、記念写真がほとんどないこと。記録写真はある。ペンのかわりなんやな。スケッチより早い。だから、急ぐときと、おおまかな全体的印象をつかむのは、写真がええ。それに対して細部の構造を見るのはスケッチやないとあかん。

第　四　章

情報は分類せずに配列せよ

——記録と記憶の技術(3)

梅棹は早くから情報の大切さを指摘してきた。

一九六三年には「情報産業論」を発表し、情報というものが工業品と同じように価値を生む時代の到来を予測。アルビン・トフラーの『第三の波』よりはるか以前に、情報化社会の大きな枠組みを指摘していた。

『知的生産の技術』も情報に関わる技術のひとつである。その知的生産ということに対する一般の評価の低さを嘆き、知的生産物の価値を正当に評価すべしと主張した。

写真は撮ってきた順番に並べる、記録だから分類はしない。自分の記憶ノートと同じ

小山　最近は、たとえば明治時代の町並みと現在の町並みとがどうちがっているかを見るために、写真を読み込むことがはやっています。一種の文献記録です。梅棹さんの写真の撮りかたっていうのは、そっちのほうにつながる仕事なんですかね。たとえば一九五八年にバーッと撮っておく。それを読み解く。

梅棹　将来的にどうこうというのはなかった。いま現在、これを使うとよりはっきり記録として残る。いまのことばかり考えていたな。

小山　この時点で写真として残しておけば、将来的にこう比較できるとか?

梅棹　そんなことは知らんわ（笑）。考えてない。自分の記憶ノートと同じなんや。

梅棹の写真の整理法は、撮ってきた順番。記録だから、分類はしない。とにかく、一本目のフィ

ルム（三六枚どり）を一番から二番、三番…と並べて、つづいて二本目のフィルム、三本目の…というふうに、全部、連続番号を打っていく。

小山　場所は書かないのですか？

梅棹　それはあとから。普通はポジのフィルムを使っているので、そのフィルムをたしかめて、紙のマウントがほとんどだから、右肩にどこの地名だということをしこしこと書きこんでいく。それを今度、連番打って、それからダイレクトプリントして、アルバムに貼る。そのアルバムに貼るのが楽しい仕事でね。でも、なかなか写真の整理は完璧に終わらなかった。とてもそんなことできなかった。

忙しいときは、つい、その作業もあとまわしにされた。次の旅行、次の旅行と、写真ばかりたまっていった。だから、撮影地も最低の都市名しかわからないものが多い。それで最近は、大学院生で、その土地をフィールドにしている人に解読してもらったりしているという。当時といまではあまり変わっていないという現実もあるが、たとえば五〇年前の現地ということで、その人たちの研究にも役立つという側面もあるからだ。

小山 写真の場合は、本来なら、どういう条件で、どうやって撮ったかといった情報も必要なのだけれど、追いつかなかったわけですか？

梅棹 追いつかなかったね。とくに民博へ来てからは、ほんとうに追いつかない。

小山 録音はどうですか？

梅棹 録音も多少ある。録音技術が開発されて、一番初期の段階だけど、一九五五年のカラコラム・ヒンズークシのとき、「デンスケ」っていうすごく大きなテープレコーダーも使った。

小山 カラコラムのときに、デンスケを持っていったんですね。さっき出てきた「ダトーガ語彙」ですが、アフリカのダトーガ語は、どうやったんですか？

梅棹 耳だけで覚えた。

小山 コンピュータの導入で、映像の処理がおどろくほど進化しています。まず、順番に並べるという方法は、いまのデジカメ映像の処理とまったく同じです。これが梅棹さんの基本理念と同じなのは、おどろくばかりです。

日本の図書館は形式主義で、ハードカバーしか本と認めなかった

小山 この梅棹資料室にある資料は、知的生産の技術のひとつの結晶として、アーカイブズとなって残されています。日本人はアーカイブズの処理が下手ですよね。

梅棹 だいたいがあまり上手ではないな。

小山 梅棹さんは以前、なかなかいいなと思ったものに大宅文庫があるとおっしゃってましたね。あれはどういうところですぐれてたんですか。たとえば週刊誌とか雑誌とか、そういう雑雑としたものが集められている。

梅棹 そういうものを探そうと思ったときは、大宅文庫に行ったら出てくる。大宅壮一と奥さんの大宅昌さんがずっとやってきたことで、当時は週刊雑誌みたいなもの、みんなバカ

にして読み捨てやった。それを全部きちっと整理して残してたんです。

小山　週刊誌は、図書館はもともと買わなかったですね。

梅棹　買わない。つまり、大宅文庫は図書館とは正反対の思想やな。

小山　大宅文庫に行ったことはあるんですか？

梅棹　わたしは行ってない。しかし、話は聞いている。大宅壮一とは、わりに親しかったから。彼はおもしろい男やったな。

小山　学者は、いろんな本を集めて所蔵して「大書斎」をつくっています。民博のなかにも、植物学の田中長三郎文庫だとか。

梅棹　まるごと引き取ったな。

小山　石毛直道さんが一所懸命整理したのは、篠田統《おさむ》文庫。

梅棹　篠田さんはまた、バケモンみたいな人やった（笑）。陸軍技師として最後はどこまでいったかな。わたしが会ったのは中佐、大佐の頃だけど、容貌怪奇、背が高くて、ものすごい腕力があった。そして、大インテリやった。

小山　京大の仲間ですか?

梅棹　京大からオランダに留学した。オランダから帰ってきたあと、わたしはモンゴルで一緒にフィールドに行ったことがある。篠田隊の調査にくわわった。

小山　スシの資料だとかもあって。篠田さんは食に詳しかったんですかね…

あと、どういう文庫があるかと言えば、菊沢季夫(国語学)それから馬淵東一(民族学)。梅棹文庫もある。これは本が中心でしょ(＊馬淵アーカイブズに入っているのは調査データなど)。この梅棹資料室は図書を切り離したんですな。

梅棹　当初は、いわゆる図書館で扱えるものは梅棹文庫ということで、どんどん機械的に入れていった。それから映像記録とかを入れ、最後にはファイル類、フィールド・ノート、地図、その他業績、すべてをいずれ館が管理するということで、梅棹アーカイブズというかたちになるよう了解はとってあります。

まあ、日本の図書館学がいかんのです。形式主義で、ハードカバーしか本と認めない、そういう思想がある。たとえば新書みたいなものは、いまはどうかしらんけれど、前は扱わなかった。文庫本もない。それから週刊雑誌、そんなものは一切なかった。

小山　いわゆる展覧会の図録がない、写真集もいかん、図書と言いながら書籍とは認められていないグループがいっぱいあります。

梅棹　それが日本の図書館学の伝統や。それはおかしい。そういうのを含めて、日本における悪しき伝統として、インテリ道というのがある（笑）。それはかなりシビアなもんやったな。わたしにはそれに対する反抗が、若いときからある。

小山　インテリ道というのは武士道みたいなものなんですか？

梅棹　武士道みたいなもの。それがあったんや。

小山　たとえば図書館でも、むかしは目録を見て、この本を読みたいと言ったら、館員が奥の棚から持ってきて、書類にサインして、いつまでに返すとか、とにかく堅くしてましたね。開架式で自由に手に取ることができるなんて信じられなかった。

梅棹　わたしは、子どものときから図書館を知ってたね。京都の府立図書館へ通った。

小山　書庫のなかを歩かしてくれれば、おもろいのになあと思ってました？

梅棹　そう、思ってたんや。

小山　でもいま、図書館は大きく変わりましたよ。移動図書館まであります。

おどろくべき話、わたしが始めるまで
自分の書いたものを残すべしという習慣がなかった

小山　ぼくもアメリカとかイギリスへ行って、アーカイブズの扱いの巧みさというものを見てきました。パンフレットとか片々たるノートだとか、そういうものもきちっと集めていくんですよね。

梅棹　**アメリカの図書館はペロッとした一枚の紙切れが残っている。**

小山　その一枚の紙が、ある機関を創設しようとかっていう重要な情報だったりするんですな。それがきちっと揃っている。

梅棹　だいたい図書館は内容とはちがう。わたしが情報ということを言い出したのは、それがある。情報とは中身の話や。ところがみんな、やっぱり形式の話で、それはさっきの、インテリ病のひとつやな。民衆をバカにした思想、権威主義が出てくる。

小山　梅棹さんは、情報全体の大事な部分は何かという考えから、自分の書斎を構成していったんですか？

梅棹　そんなことは別に関係ないと思う。それはまさに、自分自身の必要性からで、内発的なものやった。第一に、ほんとおどろくべき話やけれど、わたしが始めるまで、自分の書いたものを残すべしという習慣がなかった。発表したものが全部どこかへいってしまうんやな。

もう古い話やけど、わたしが還暦のときに自分の著作目録というものをこしらえて、それを桑原武夫先生のところへ持っていった。そしたら桑原さんは、「こんなもんつくって、大迷惑だ」って言いながら「場外大ホームランや」って。わたしは野球のことが全然わからないから、「場外大ホームラン」っていうのはアウトだと思ってしまった（笑）。「こんなひどいもんつくって」と怒られたんだと思ったら、ちがった。非常にほめてくれてね。

それでも、桑原先生は「みんな真似しようと思っても、もういまさらでけへんやろ」って。ほんとうに信じられない話だけど、みな自分が書いたものを残してなかったわけです。自分でやらなければ、だれも残してくれない。わたしは中学校のときのものから残っている、ガリ版やけれど、中学校のときのものもあります。「そんなん、あたりまえやないか」と思うんやけれど。

小山 そう言われると忸怩《じくじ》たるものがある。ぼくも「インテリ道」ですから。

梅棹 いつから残ってる？

小山 それは民博に来て、しばらくたってからです。だけど手伝いに来た大学院生がまた捨てるんですよ、「これは紙ですね」って。じゃ、どんなものを残すのかと言うと、たとえば柳田國男全集とか。

梅棹 まさに権威主義や。

小山 （笑）一刀両断ですな。そういう立派な本を集めて、立派な本棚にするのが、インテリ道だと思っているんですかね。

梅棹 そういう風潮があります。

分類するな、配列せよ。そして検索が大事

小山　『知的生産の技術』が八三刷もいった（二〇一〇年八月で八五刷）秘密は、ハウツー本だからという言説があります。たしかにハウツーものはよく売れるみたいですね。全体に日本人っていうのは、整理好きなんですかね（笑）。

梅棹　整理好きというより、**日本のインテレクチャルはひじょうにまちがってる。**全部、分類がほんとに好きで、すぐ分類したがる。整理って言ったら分類だと。わたしからすれば、**分類には意味がない。**分類はするな。

小山　整理と分類はちがう。

梅棹　ぜんぜんちがう。**「分類するな、配列せよ」。機械的に配列や。**それでいったらいいんや。**大事なのは検索。**しかし、ほとんどは分類して、それでおしまいになってる。

小山　分類好きなのは、学者ですか？　日本人ですか？

梅棹　学者。日本のインテレクチャルは、ほんとに分類が好きやね、何でも分類する。その痛烈な批判が中尾佐助の『分類の発想』や。これはおもしろい。もう大賛成だった。

小山　しかし、情報は整理が大変でしょう?

梅棹　そこでわたしの整理学が始まる。分類するな、配列せよ。何でもみなすぐ、物を集めたら分類したがる。これもインテリ道の悪いところ。やっぱり、インテリ道というのは、近代武士道やなあ。

知的生産というのは、情報の技術なんやな。一連のものや

小山　『知的生産の技術』は、情報のひとつの面として書かれたものですか?

梅棹　知的生産というのは、情報の技術なんやな。一連のものや。

小山　『知的生産の技術』は、どんな目的で書き始めたんですか?

梅棹　あれは岩波の『図書』に連載した。文章の書き方とか、そういうものを連載するというの

で書き出した。

はじめは、自分の仮の題を「新筆墨論」としていた。「筆墨論」というのは、たぶん前例があったんだと思う。筆と墨。それを、文筆についてのノウハウものとして雑誌に書いた。それを湯川秀樹さんが読んで、「これは、技術論やな」と。それで、「知的生産の技術」ということになった。

小山 これは技術論だと？

梅棹 わたしもそう思った。これは技術論だ。何の技術かと言ったら、まさに「知的生産」という言葉をつくった。工業技術以外に技術があろうとは、誰も思っていない。そういう時代だった。知的生産というのは非常に新鮮な響きがあったみたいだな。

小山 いまでも知的という言葉は、知的生産の技術と関連してよく使われています。

梅棹 当時はとにかく、物的、工業的産業が最優先。知的生産という言葉は非常に新しい。

小山 なぜ岩波の人が梅棹さんに目をつけたのかが、ふしぎなんだけど。おもしろいもん書く学者だからといって、目をつけたんですかね。

梅棹 そうやろうね。わたしが書けるというわけだ。

「知的生産の技術」の連載は『図書』の一九六五年四月から始まった。その後、岩波新書としてまとめられ、一九六九年七月に刊行された。刊行時、梅棹は第二次ヨーロッパ調査に出ており、ユーゴスラビアでできあがった本を手にした。居合わせた谷泰と「この本はあまり売れそうもないな」と言い合ったそうだが、その後、ローマの日本大使館でベストセラーになっていることを聞き、おどろいたという。

小山　それで知的生産の技術というところに踏み込んだわけですな。湯川さんに言われて、ああそうかと納得した。

梅棹　湯川さんが言ったのは「技術」ということだけだった。

小山　それで、「知的生産」と言ったのが梅棹さん。それは、工業というものが頭の中にあったんですな。

梅棹　みな工業以外に産業があろうとは思っていない。で、「知的生産」という言葉が新しい。

「知的」という言葉が非常に新しかった。その当時、インテリ、インテレクチャルっていう言葉がちゃんと定着してた。それを訳したら「知的」だと。

小山　ところで本を書くと印税をもらいますよね。

梅棹　そう、まったく予定外の収入がゴローンと入ってくる。

小山　「給料をもらっているのに、本を書いたりするのはけしからん」という論があるんですよ。原稿を書くときにも、つい、民博の原稿用紙なんか使うわけです。「そういうの、けしからんのじゃないか」という批判もあることはある。そうしたら梅棹さんが、「それ、わかってるんだけど、それ止めたらだれも何もしなくなる」って言った。「やはりインセンティブみたいな、ちょっと不定期収入が入りまっせ、みたいなのをやってやらんと書かんしなあ」と言ってたのを思い出します。

梅棹　ああ、そうやったか。しかし、わたしのは自前の原稿用紙ですよ（笑）。

小山　それがいま、山と余ってるそうですね（笑）。だって、梅棹さんは万年筆で自分で書かなくなりましたから。いまは口述ワープロ打ちですし。あれはたしか、万年筆用のインクの吸いのいい縦書きの二〇〇字原稿でしょう。

梅棹　そうや、もったいないな。

小山　ともかく、たとえばいま、きびしいところでは給料以外の金はもらっちゃいけないとしばしば強めている。大学に教えに行っても、交通費だけになる。

梅棹　そんなん、ひどいなあ。

小山　**知的生産というのを評価できていない**のですね。

梅棹さんはずっと、**「日本政府は唯物論政府や」**と言っておられましたもんね。

梅棹　ポスターをつくるのに、紙代と印刷費は出る。だけど、デザイン料がついてない。デザイン料という概念がなかったんやな。デザインはいったいどうなるのか。だれがどうやってつくるのか。するとそれは、「担当課長の机の上に、ある日突然載ってるんや」なんて、おかしなことを言ってた。そういう扱いだった。

小山　産業として見てないんですよね。

梅棹　そうや。**知的生産というのを、頭から認めてなかったんや。**ほんまに、**知**

的とかそういうデザイン的なものを、全部タダやと思っている。

小山　それで、文章を生産に結びつけたから、情報産業論が生まれた。

梅棹　筋道はそうや。

「情報産業論」は情報論ではない

小山　梅棹さんが「情報産業論」を言ったのが一九六三年。その後、いまだに梅棹さんの言いたかった情報と産業とが理解されていない。情報だけでもいっぱい論じられますからね。

梅棹　みんな、情報という言葉に酔いしれているというか、ね。

小山　二〇〇七年一二月の比叡会議（日本ＩＢＭ主催の有識者会議）でも、「今、ふたたび情報を考える」というテーマだったんですが、情報機器類の話にいってしまった。梅棹さんがもういっぺんこれを考えようというところへは、なかなかいかない。「情報を考える」と言ったところが悪かったのかしら。それと、情報の専門家は情報のなかにランクがあるみたいなことを言うのです。

梅棹　なかなか、ちゃんと理解してもらえない。一部分だけを勝手にひろげていっている。

小山　お釈迦さんでもそうで、仏教が法華教になったり般若心経になったり、いろいろ分かれていくんだから、こういう巨大思想を出したら分裂していくのが当然かもしれません。

梅棹　しかたないかもしれんな。情報と産業を分けて考えたらあかんねん。情報産業と言うもんや。これは農業とか工業に対立するもんや。

小山　情報の時代とみんな軽く言ってるけれども、情報産業時代なんですか。

梅棹　わたしは、はじめからそう言ってる。工業時代の次に来るのが、情報産業の時代ですよ、と。一種の進化論です。農業の時代、工業の時代、その次に来るのが情報産業の時代。

小山　目に見えるものをつくらないから、産業と思わなかったんですな。

梅棹　そうやろうね。はじめ、放送関係の人たちが、みな「放送おめかけ論」ていうことを自分から言ってたんです。何もモノをつくってないから、工業のおめかけさんやというわけ。自虐的にそう言ってたんだけど、わたしは「それはちがう」と言った。それが情報産業論の成立するきっかけになった。情報産業は、何もつくってないかもしれないけれど、一つの産業ですよと。

小山　梅棹さんの略年表には、「一九六三年に「情報産業論」を「放送朝日」一月号に発表、情報のもたらす文明論的変革を予想、工業の時代から情報産業の時代へ」という項目を入れてる。

梅棹　それでいい。

小山　誤解を招きそうだけれども、ほんとうは情報業と言えば、混乱が起こらなかった。でも情報業と言うと、なにかちんどん屋みたいな感じがしますからね。

最近気がついてきたんですが、縄文文明論というのを考えてみたとき、三内丸山に行ったときに梅棹さんは、一九六八年に発表した「都市神殿論」を紹介して、ここは情報の発信・受信の中心地であるとおっしゃったでしょう？　昔から、狩猟採集があって、農耕、牧畜、工業があって、そのなかに情報というもの自体はずっとあったんですよね。

梅棹　ずっとあったんや。突然出てきたものとちがいます。はじめからある。

小山　すると、アボリジニの社会を見ていても思うんですけれど、縄文時代みたいにわりあい装置が少ないところというのは、その分だけ彼らは情報に生きているところが、けっこう大きいですよね。

梅棹　大きいやろうね。

小山　実は、いままとめているある討論があって、その記録を見ますと、すべて情報論、情報産業論に集中しているんです。そこで聞きたいのは、情報産業論が梅棹さんの文明論のバックボーンになっているんですかね？

梅棹　というより、帰結というか、締めくくりみたいなものやな。

小山　重要な要素のひとつ？

梅棹　ひとつや。締めくくりのところ。しかしあのときでも、情報産業論の議論はしてくれても、みんな情報論だったな。そんなん、つまらん。わたしが言ってたのは産業論なんです。それなのになんで、あんなふうになるのかな。それくらい情報というものに、みんな興味があるということなのかな。結局、ひとつは、おそらくその前にあったコミュニケーション論にひきずられてるんだと思う。これは工業時代に対する情報産業、産業時代論であって、**わたしが言っているのは文明論だった。だから、情報論とちがうんですよ。**みなさん、「情報」

という言葉にひきずられてしまっている。

小山　梅棹さんは、「みんな情報論ばかり言うて、産業論って言ったのを忘れている」と怒るけれど、はじめからそうだったんですな。技術は産業につながるのは当然である。ああ、はじめてわかった（笑）。

『知的生産の技術』の本が出たのが一九六九年。コンピュータはほとんど普及していない時代です。民博が始まったとき、「コンピュータは、要するにノートと鉛筆だ」と言ってましたよね。この本の議論は手作業でおこなう時代のもので、技術的には時代遅れのはずですけれど、ずっと売れ続けている。それから、梅棹さんの論を使って、中野不二男さんをはじめ『コンピュータ時代の知的生産の技術』というような本がいくつか出ています。

梅棹　コンピュータ時代を先取りしたもの、基本設計図。ある意味で、先取りしてるね。

植物採集で世界の見取り図が形成された

小山　梅棹さんは一種の収集マニアですね。整理癖は昔からあったんですか？
梅棹　集めるのは昔からやっている。癖かどうかは知らんけれど。
小山　昆虫のほかに何があったんですか？
梅棹　植物もやってました。ずいぶん植物標本をつくった。高校から大学のころは毎日毎日、胴乱（植物採集の道具のひとつ）かかえて、北山へ行って植物を採って、持って帰ってきて、それを新聞紙にはさんで、植物標本をつくった。
小山　昆虫も？
梅棹　昆虫もせっせと標本つくったな。引きだしの中を整然と分類して。

梅棹は『メディアとしての博物館』（一九八七年、平凡社）のなかで以下のように記述している。
「三高生のわたしは、大学にはいったら吉井（良三）さんのあとにつづいて動物学を専攻するつもりであった。動物のことはどうせ大学にはいったら、みっちりと専門的にたたきこまれるのだから、それまで高校時代は植物の知識を身につけておこうとおもった。私は胴乱をさげて野外にでた。京都北山をはじめ、近郊の山やまをあるいて、野草を採集してかえった。野草ばかりでなく、木本類も採集した。毎日胴乱はいっぱいになった。」

梅棹　だから高校のうちに植物やっておこうと、高校生なのにいろんなことやり出した。

小山　集めて整理すると、捨てるのに未練はないわけですな（笑）。

梅棹　未練はない。**物欲はないねん。楽しんだあとは全部捨てろって。爽快なる無所有や。**

小山　肺病で休んでいたときには、切手収集ですか？

梅棹　そうです。これは収集です。

小山　昆虫は子どもの遊びというか、趣味からやった。植物は学問的基礎知識としてやった。

梅棹　そう。

小山　いい先生がいたんですか？

梅棹　京大の植物学教室の田川基二助教授が分類の指導をしてくれた。植物分類学。図鑑で調べてもわからないものがあると、田川助教授は、いち高校生にすぎないわたしの相談に対して、親切に虫眼鏡で花を調べて同定してくださった。北山で採取した一種がドウダンツツジに似ていると思ったけれど、どうもちがって別種で、ウツギヨウラクだと。あれはドウダンツツジに見えるんやな。

小山　整理しながら新しい発見の喜びにつながったんでしょうか。

梅棹　というか、ファウナ（動物相）、フローラ（植物相）を通じて世界の構造、世界の見取り図が形成された。それはあっちこっち世界中を歩いているのと同じだから。

情報というのは、つくるもんやと思っとらへん。勝手にあるもんやと思ってる

小山 梅棹忠夫は学者かジャーナリストか、という言い方をする人がいますよね。

梅棹 アホな。

小山 梅棹さんに「アマチュア思想家宣言」（一九五四年）という論文があります。あれは学者にありがちな、穴を掘り下げて、そこにもぐり込むというのに、一撃くらわしたような言い方だったと思うんです。

梅棹 そう。まさに揶揄《やゆ》やった。

小山 桑原グループというか、京大のギャングみたいな学者がいたでしょう？ ギャングみたいなと言ったら叱られるけど。それで、一九五〇年代に当時の日本の大衆映画をさかんに見てた。

梅棹 三文映画を見た。ほんまに三文映画を何本も見ているね（笑）。

小山 それ見て、どう思ったんですか？

梅棹　それは役に立ってるわ（笑）。国定忠治とかな。でも、大衆文化というのはバカにしたらいかんね。そうそう、剣豪・宮本武蔵、あれなんか、全部読んだ。映画も見た。

小山　映画と小説、どっちがおもしろかったですか？

梅棹　わたしは、小説の印象がひじょうに強いな。ずいぶん長編を読んでいる。

小山　一九六三年に「情報産業論」が出た。「文明の生態史観」出して、ちょっと遅れて四三歳のときに出したんですね。

梅棹　これは日本の放送産業、電波産業が勃興してきたとき。それでできた。

小山　そのときは梅棹さんのことを、すでに新進気鋭のオピニオンリーダーとして、みんなが認めてたんでしょうな。

梅棹　一九五九年、三九歳のときに朝日放送の番組審議会の委員になった。あのころはずいぶん放送産業に関わってた。

小山　それをやっていて、「放送は産業だ」とひらめいたんですか。

梅棹　そう。それまで、放送なんて新しいものが出てきて、「あんなもん邪道や」というふうに見てたところがずいぶんあったな。

小山　その前は新聞でした。京大には「犬と新聞記者は入るべからず」と書いた紙をはった教授がいた。新聞記者が犬と同じ扱い（笑）。だけど、けっこう大学教授も、放送界、新聞界に入っていきましたよね。

梅棹　入っていったな。放送業界全体に自己卑下があって、さっきも言った「放送おめかけ論」というのがあった。「何も生産しない。養ってもらうだけのおめかけさん」。そういう議論が放送界内部にもあった。それでわたしが放送にタッチしながら、「何を言うてる、情報をつくっているのに」と言ったんです。**情報というのは、つくるもんやと思っとらへん。勝手にあるもんやと思ってるのや。**

小山　新進気鋭のオピニオンリーダーが「がんばれ」というか、「君らのやっていることには意味があるんだ」ということを言った。

梅棹　それで放送界がひじょうに元気づけられた。わたしは基本的に、あちこちでアジテーションをやったんやな。

第　五　章

空想こそ学問の原点

梅棹の基本は、思いつきにある。「しょせん思いつきじゃないか」という批判に対し、堂々と「だったら思いついてみろ」と反論する。思いつきはだれにでもできるはずと。

思いつきとはひらめきであり、自分のオリジナルの発想をひらめくことこそ「独創」である。だれか偉い人の言葉を引用してきて、それであたかも自分が偉いかのように振る舞う学者のあり方をもっとも嫌ってきたのだ。

梅棹が問い続けてきた学問の基本とは？

空想はわたしの生涯の大きな特徴。想像力というかイマジネーションや

小山　実現の可能性はうすくても、いろいろ考えて準備して計画することのおもしろさについておうかがいしたいのですが。

梅棹　空想というのはわたしの生涯の大きな特徴やね。およそ空想みたいな話はいっぱいある。空想は、わりに上手やで。

小山　空想するのがいけないと思っている学者は多いですからね。

梅棹　想像力というか、イマジネーションや。そう言ったら、ちょっとぐらいかっこよく聞こえるな（笑）。

小山　妄想ではない？

梅棹　同じこっちゃ。英語で「妄想」という言葉、あるか？　やっぱりイマジネーションや。

梅棹の言うことは単なる思いつきにすぎないと言われる。わたしに言わせたら、思いつきこそ独創や

梅棹　どこかでだれかが書いていたんだけど、「梅棹忠夫の言ってることは、単なる思いつきにすぎない」って。それはわたしに言わせたら「思いつきこそ独創や。思いつきがないものは、要するに本の引用、ひとのまねということやないか」ということ。それを思いつきにすぎないとは、何事か。

小山　たとえばレヴィ＝ストロースとかウェーバーが言ったからとか、いつも誰かをさきに持ってきますよね。おれの言ってることはアメリカやヨーロッパの偉い人の保証つき、だから正しいといった論理ですね。

梅棹　ひじょうに多い。とくに我々が若いときは、それが横行していたね。

小山　梅棹の発想は、誰の論文に基づいてるのかって（笑）。

梅棹　「単なる思いつきです」って言う人はどこにもいない。それでわたしが「悔しかったら思いついてみい」って言ってやるわけ（笑）。
小山　こんな人を相手にして論争は勝てないな（笑）。
梅棹　わたしには引用がない。誰それがこう言ったというのがない。
小山　でも、何となく「引用がなければ言っちゃいけない」という、学問的な鎧はあります。
梅棹　それもひじょうに多いね。学問とは、ひとの本を読んで引用することだと思っている人が多い。
　それで、これはむかしの京大の教授だけど、講義のなかで、わたしを直接名指しで、「あいつらは足で学問しよる。学問は頭でするもんや」って言った人がいた。頭でするもんやということは、ひとの本を読めということやな。「あいつらは誰も引用していない。こんなのはだめだ」と。そういう言い方を講義のときにしたという話を聞いたことがある。
小山　そういう雰囲気があったんですか？
梅棹　あるある。もう、ひじょうにある。京大アカデミズム。
小山　（笑）しかし、引用しないで論文書くというのは、むずかしいですね。「梅棹さん」の研究をしようとしたら、引用しなきゃならないんですよ。梅棹忠夫研究ってやると、みんな、引用して振りまわされてるでしょ。

梅棹　ああ、そうやね。

小山　「引用なんかするな」と言ってる梅棹さんのことを研究するときに、その引用で振りまわされてしまう矛盾……あ、これ、おもろいな。

思いつきとはひらめきや。本から引いている知識は他人のまねということやないか

小山　梅棹さんはおもしろいことをいっぱいしている人だけど、やっぱりその発想というか、研究のプロセスを知りたいと思います。自分でもいくらか書いておられるし、「わたしの履歴書」もあるし。そうそう、「ゴミのなかに放射線の跡を見る」っていうのは何ですか。

梅棹　「ウィルソンの霧箱」の話か？　思いつきというのはひらめきや。わたしから

言わせればどっちも同じ。単なる思いつきにすぎないと言うけれど、そんなら何か思いついてみい。思いつきこそがすべてとまでは言わないが、思いつきであるということは独創であるということや。思いつきがないものと言ったら、要するにほかの人の本から引いている知識ということでしかない。ひとのまねということやないか。そんなもの、ばかばかしい。ひらめきというものが宇宙線であるとすれば、宇宙線は万人に降り注いでるのだから、**だれでも思いつけるはずだ。**

小山　みんなひらめいてもいいんですよね（笑）

梅棹　しかし、**みんなひらめくけど、それをとらえることができない。**宇宙線は、全部同じように届いてるんだけれど、それをとらえることができない。

小山　ウィルソンの霧箱が、頭に入ってるわけ（笑）。

梅棹　ウィルソンの霧箱を持ってなければ、宇宙線をとらえられないわ。

小山　小柴昌俊さんのノーベル賞につながったカミオカンデの底の水もそうだな。梅棹さんは、発想したものをやさしく書いた。わかりやすいので、みんなが読んで何万冊も売れた。むずかしく書かれたら、こうはいかない。

梅棹　わたしの文章の特徴を言うと、てらいがない。かざりがない。上等に見せようという意識がない。

大事なのは、論理的整合性と同時に着想ということです。

第　六　章

学問とは最高の道楽である

梅棹は「学問とは、他人の本を読んで引用することやと思っている人が多い」ことを嘆く。一九八九年に出版した『研究経営論』（岩波書店）では、領域を超え、規模を拡大して進展する学術研究には、つねに活性化をおこたらない組織が必要であるとし、学術研究の場面に「経営」という観点を導入し、斬新な研究組織論と新しい研究者像を提示した。

そのうえで、梅棹自身は「自分の人生を決定しているモチーフは遊びである」と言い切る。まさに、学問とは最高の道楽であると言うのだ。

学問は経営である。『研究経営論』や

小山　いま日本の博物館は苦難の時代にあります。とくに地方の博物館がそうです。廃館されるものもたくさんあります。学芸員に会ってみると、経営の意識がまったくない。人がどうやったら来てくれるんだろうかとか、楽しんでくれるんだろうかとか。

民博では梅棹さんに、「**学問でさえ、経営なんだぞ、**そう考えてやれ」って言われてきました。文部科学省や民間の研究助成、外国の奨励金などをとってくることも含めて、学問は経営にほかならないと。

梅棹　『研究経営論』という本があるやろ。

小山　おかしなことを言う人ですね。研究なんてのは、世俗から離れたものというのがふつうなのに。でも、「経営」っていうと金もうけと思われる。

梅棹　ああ、そうかな。わたしが言いたいのは組み立てということや。

小山　お金もうけ、興味ないですか?

梅棹　おおいにあるよ。（笑）

「日本経済新聞」の関西版「民博の群像　OB列伝」4回目（二〇〇八年八月一三日）には、民博創設当時の梅棹の訓話として、このような記述がある。

「諸君を選んだのは僕や。自由にやりたい仕事をやれ。研究者は一年中いつも研究者や。休みを取ることなんか考えるな。税金を使う国家公務員である自覚を持て」

小山　民博に来たころ、ヨーロッパに学会で呼ばれたので、金を出してくれるかと思って、「お金どこかから出まへんか」って言ったんです。そうしたら、「文部省の金で行ったら、すぐ帰って来なあかんで」と。「いまはOLでも、パリに行ったりロンドンに行ったり、自分の金で行ってるやろ。時間はやるから自分で行ってこい」（笑）。それで、**「帰ってきたら、そのことを書いて稼いだらええやないか」**と言われた。

梅棹　ひどい話やな（笑）。

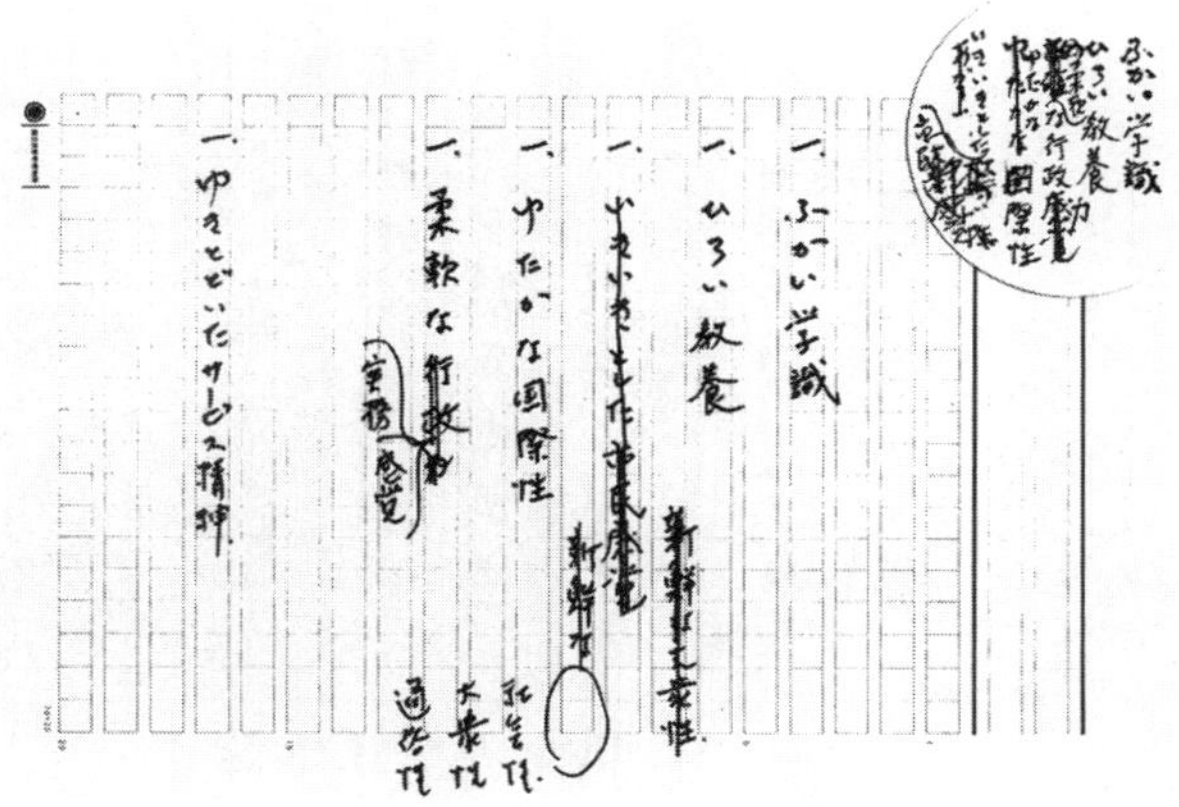

小山　あのころ、なんとなく学界全体が、梅棹さんに言えば金をつくってくれると思っていたようなところがあるんですね。それから、民博にいれば、そういう金はどんどん出してくれると思った……勘違いでした（笑）。「研究費は自分で取ってくるもんやで」って。

梅棹は、民博創設時、その理念を考えていた。バーの酒を飲んでいてひらめいたのだろうか。バーのコースターの裏に、その書き込みがある（上掲右上）。

「ふかい学識、ひろい教養、ゆたかな国際性、柔軟な実務感覚、ゆきとどいたサービス精神」。

これを「五箇条のご誓文」と呼ぶむきもあり、

一部で反発を買ってしまったようだ。

小山 「五箇条のご誓文」は、どうして途中でやめたんですか？

梅棹 そやねえ（笑）。

小山 「ふかい学識」、これは受け入れます。「ひろい教養」、これも文句はない。「ゆたかな国際性」、これもいいでしょう。ここからがいけない。「柔軟な実務感覚」。あっ、その前にすごいこと書いて消してるな。「柔軟な行政感覚」って（笑）。

梅棹 いちばん悩んだのがそこの部分。生き生きとした市民感覚とか、新鮮な社会性、大衆性……

小山 「ゆきとどいたサービス精神」。かなわんですな。この二つは受け入れがたい。

梅棹 博物館は、かくあるべしということや。

学問は、学ぶ、まねぶやで。まねして、まねして

小山　「学会誌というのは、同業者が集まって金を出し合って、発行部数の少ない専門誌をつくって、かろうじて生きているんじゃないか」（笑）と言う人がいますが、論文を書くことも宣伝のひとつではありますね。

梅棹　自分でもたくさんやった。終戦後すぐに出した『自然と文化』。あれは、ほとんど自前でこしらえて出した。

学問は、学ぶ、まねぶやで。まねして、まねして。

『自然と文化』は第1号を一九五〇年五月に刊行。「乳をめぐるモンゴルの生態（Ⅰ）」につづいて「乳をめぐるモンゴルの生態（Ⅱ）」（五一年四月）、「草苅るモンゴル」（五五年四月）を発表した。

小山　梅棹さんをまねした本がいっぱい出ています。パロディみたいに使ったり、そのままパクったように使ったり。タイトルで『知的生産の技術』という言葉は普通に使われていますね。もう、普通名詞なみ。『知的生産術』という名の本が出て売れているのもおかしいですよね（笑）。

梅棹　ひどいもんや。

やっぱり基本的にわたしの人生を決定してるのは、遊びや。プレイや

小山　梅棹さんの一般的なイメージを考えてみたいんですが。

梅棹　原点はどこやろうね。

小山　大勢の人が、京大人文研の梅棹教授、民博の梅棹館長と考えていたと思うんです。最近は文化勲章受章者。

梅棹　原点は、山やな。それもアルピニズムのようなたいへんなこととちがって、山を歩くワンダリング、これが原点やな。

小山　本のタイトルふうに言うと、『梅棹忠夫の壁』っていうのがあってるような気がするな（笑）。ともかく、学問の原点は山ということでしょうか。

梅棹　もうひとつ、そのもとをたどっていけば、昆虫採集です。それから山へ行き始めたんですから。すると原点は虫、昆虫やろうね。

小山　この間話しましたけど、梅棹忠夫と芥川龍之介の風景の見方のちがいはつくづく感じますね。細部から始まり総合していく。しかも視角がひろい。

梅棹　ある種の直観。全体をパッとつかむ。

小山　和辻哲郎はアデン（アラビア半島南端の港町）で、船から砂漠を見てあまりのすごさに腰をぬかしてるんですよね。

梅棹　和辻っていう人は、ほんまに大スカタン。どうしてあんなまちがいが起こったのか。

小山　それは梅棹さんが芸術的であることをきらうのとは反対に、科学を理解しない人がいる。何なんでしょう。同じ直観でも、博物学とかナチュラルヒストリーとかサイエンスが欠けてるようなところがあるでしょう?

梅棹　そうね。何も見えてないんや。

小山　以前、信州大学が国立大学ではじめて山岳科学総合研究所をつくったとき、梅棹さんが講演に行かれましたよね。

梅棹　行ったな。

小山　あのときに、「総合科学としてやりたい」と言ってるのを聞いて、「もともと山はそういうところや」と梅棹さんが正しておられましたよね。山へ行くことで、総合的な把握ができる。

梅棹　そうかもしれんね。その態度ははじめからあったんや。もうひとつは分析に先立つ直観です。

小山　脇目もふらず、まっすぐ登るだけの人っていますでしょ。

梅棹　わたしらはちがう。キョロキョロして、楽しみながら歩いてる。

小山　はじめて行った外国の山・白頭山もそういうふうな感じでしたね。

梅棹　そう。あんなもの、登れるに決まってるから。

小山　でも、若いときのキョロキョロと、だんだん経験を積み重ねていってのキョロキョロとはちがうでしょうね。

梅棹　そうやな。しかし、いまはもうひとつ言えば、楽しみながら行ってる。やっぱり基本的に

わたしの人生を決定してるのは、モチーフは遊びや。プレイや。

小山　それを伝えるのがむずかしい。遊びって言ったらパチンコしてるように考えてしまうから。

梅棹　わが人生は、ほんまにプレイやったな。

小山　でも、梅棹さんには、本阿弥光悦みたいな知のディレクターの性格と、後白河法皇のような力をつかってやる悪辣なところの二つのイメージが重なっていますよ（笑）。

はじめは隠者みたいに「わたしはもともと人嫌い、世捨て人、阿弥や。梅阿弥や」とかって言っていたと思うと、「学問は経営だ」とか、「宮本武蔵になるな」などと言う。

梅棹は「自分には首尾一貫してものを言おうという美学はない。（自分にあるのは）むしろ多様性の美学だ」と言う。首尾一貫して武術を究めようとした宮本武蔵について、「戦闘技術を極めて、あれで人生、おもしろかったんかなあ。宮本武蔵はつまらん人生やと思う。多様性の美学がない」

と言うのだ。

梅棹　まさにワンダリング（笑）。

しかし、学問は遊びやと言うたら、やっぱりひんしゅくを買うんやろな。

小山　それが誤解のもとですよ。文化勲章をもらった偉い学者が、平然と「遊びや」と言ってしまう。

梅棹　遊びに勲章、くれはったんや（笑）。よう遊んだという遊びのご褒美。

申し訳ないけれど、わが生涯はやっぱり遊びやったんやな。

学問から思想は出てこない。思想から学問はあるな

小山　「文明の生態史観」は思想でしょうか。

梅棹　そや。

小山　司馬さんが「梅棹は大思想家だ」と言っていますね。

司馬遼太郎が書いた梅棹の著作集に対する推薦文の最後に、以下のような記述がある。
「梅棹は、学問と思想のあいだを時々刻々に往復してきた。このような思想家を、私どもが生きている時代に得たというのは、大きな幸福の一つである。」

梅棹　それはそういう評があたっている。学問と思想のあいだを自由に往来した。**学問と思想と、ひとつでふたつ。**司馬遼太郎には見えてたんやな。わたしのことをわかってたんや。

小山　思想は学問じゃないのですか。

梅棹　**学問から思想は出てこない。思想から学問はあるな。**

小山　ああ、学問から思想は出てこないのかあ。ぼくは、梅棹さんとの論争に勝ったただ一人の人、モゴール族の村のイスラームの坊さんになりたい（笑）。学問じゃないですもんね、あれ。

梅棹　そやね。（笑）

小山　いや、あの人を尊敬しますよ。梅棹忠夫を言い負かすなんて、大仕事したもんです。

梅棹　完全に負けや。

小山　「完全に負けや」なんて、ほかに言ってるのを聞いたことないもんな（笑）。

あらゆる理論は自己合理化や

小山　加藤秀俊さんが、こんなふうに書いてますね。

「とにかく、梅棹さんは、理論構築の名人であった。その理論たるや、とりわけアルコールが入ると我田引水、牽強付会もいいところで、もうヤケクソとしかきこえないのだが、それにもかかわらず、説得力は強烈であって、こちらは、ただ、ハア、といって首をうなだれるのみである。いちど、せめてもの抵抗に、梅棹さんのおっしゃることは、自己合理化にすぎないのではないですか、といったら、梅棹さんはふしぎそうな顔をして、そら、そうでっしゃろ。あらゆる理論は自己合理化や。マルクスかてそうやろ、理論ちゅうのは、そんなもんや、と一蹴された。」（『わが師　わが友』一九八二年、中央公論社）

梅棹　（笑）そら、そのとおりや。

小山　ぼくも梅棹さんに議論を挑んで、勝ったおぼえが一度もないですね。（笑）ぼくのほうが正しいと思っていても負けてしまう。さらに加藤さんは、こんなことも言ってます。

「梅棹さんは、しばしば、学問なるものは最高の『道楽』である、と説かれた。若いころ、わたしは、他の多くの若者とおなじく、学問というのは、高尚な『真理の探究』をその目的とするものである、と信じていた。しかし、そもそも『真理』なるものが、結局は相対的なものである以上、あんまり高尚な思想におつきあいをしていたのでは損をする。あたらしいことを知って、なるほど、と知的興奮を経験する――それが学問のたのしみというものだということが、わたしにもだんだんわかってきた。いまわたしのまわりにいる若い人たちも、『学問』とか『勉強』とかいうことばを聞くと身のひきしまる思いをするらしいけれども、わたしにいわせれば、知ることのたのしみが『学問』というものなので、それがブタの研究であろうと、パチンコの研究であろうと、おもしろいとおもったことをひたすら追求すればそれでよろしいのである。」(同)

小山　これは加藤さんがヤケになってる(笑)。

第　七　章

知識人のマナー

梅棹は「学問は遊び」と言いつつ、自分のオリジナリティということに徹底的にこだわってきた。「権威を笠に着る」態度を嫌い、その典型とも言うべき日本のインテリの態度には強く反発した。終戦後、大学に復帰した際、「教授の絶対的権威」をぶち壊さなければならないと考え、大学院生の立場で教授選に立候補したこともあった（結果は第三位で落選）。

一方、その鋭い洞察力と巧みな表現力はおおいにマスコミ受けし、とくにテレビの勃興期には「マスコミの寵児」として活躍した。しかし、あるときを境に、梅棹はテレビとの関係を完全に絶ってしまう。

なぜ自分のオリジナルの観察を大事にしないのか

小山　中国からの引き揚げのとき、考えに考えて大事なフィールド・ノートを守ったところに、『知的生産の技術』の大きな基礎があるような気がします。

梅棹　そのとおり。そのときに、全部にわたって偽装をほどこして、邦文タイプライターでつくったリストを添えて、トランクいっぱいに資料類を詰め込んだ。当時、重慶政府から進駐してきている検閲を通さなければいけない。それで、このトランクを持っていった。そうしたら、こっちのリストに重慶政府の将校は、大きなハンコをボーンと押してくれた。持ち帰りの許可をしてくれたわけです。

梅棹の文章にはこうある。

「フィールド・ノートはわたしのと今西さんのとをあわせると、約五〇冊あった。これは帯封をして、このままもってかえることにした。原稿および資料類は、このままではあやしまれるので、しかるべく体裁をととのえることにした。千枚どおしで穴をあけ、こよりでとじたうえで、表紙をつけた。斉藤邸内には、本の外箱がたくさんあったので、それをもらってきて、製本したノート類をおさめると、本らしくかっこうがついた。

箱の表と背には、『有蹄類動物之生態学研究』とか、「直翅類動物之生態学研究』とか、それらしい表題をかいてはりつけた。『モンゴルの実態調査』などでは、とうてい検閲はとおらないであろう。動物学なら、まずだいじょうぶだろうと、ふんだのである。

問題は地図である。わたしたちがあるいた地域の二〇万分の一図だけは、もってかえりたかった。しかし、こんなものをもっているのをみつかれば、当然、全資料が没収されるだろう。わたしは地図を原稿用紙のおおきさに分解して紙にはりつけた。もちろん、表を裏にしてである。そして、裏面には、４Ｂの鉛筆で裏がすけてみえない程度にぬりつぶして、絵をかいた。すべて動物の絵である。(中略)

必要な資料や文献類はノートにちいさい字でかきうつした。できあがった論文の原稿はコピーをとった。こうして整理をすると、わたしのたいせつな資料は、ずいぶんコンパクトな形になっ

た。」（『回想のモンゴル』一九九一年、中公文庫）

小山　そのときに、**知的生産物を整理する技術の基礎を実践**したわけですよね。惜しいけれど捨てなければならないもの、絶対に守らなければならないものを判断しなければならない。

梅棹　自分にとっての第一番は観察記録。これが第一。多くの人がそこをまちがえているね。とにかく、ものを書き写そうとする。みんな他人の本で、大事だと思うところをカードにして使っている。そんなのはナンセンス。すでに本に書いてあることじゃないか。わたしのはちがう。自分の目で見た観察記録です。**なぜ自分のオリジナルの観察を大事にしないのか。**

学問といえば、ひとが書いたものを読むことだと思っている

小山　絵もオリジナルな観察ですね。

梅棹　わたしはたくさん絵、スケッチを持っていたけど、それは、みんな持って帰っている。これは、モンゴルのときも、アフリカのときもそうや。この梅棹資料室にも絵がずいぶん残っている。前にも言ったけど、絵は写真よりも都合がいいことが多いんです。細かいことが、細部が描ける。余分な部分を捨てることもできる。写真よりも絵がいい。

小山　自分の目で見たものが、残すべきもの。

梅棹　これはまさに歴史そのものなんです。ひとの描いたものとちがう。自分がやってるわけだから。まさに学者冥利に尽きるというやつや。学問を志した者なら当然のことのはず。ほんとにみんなは、学問といえば、ひとが書いたものを読むことだと思っている。この前に言ったけど、京大の中でもわたしらのことを評して、「あいつらは足で学問ができると思っとる。学問は頭でするものである」と。では、頭でやるというのは、どういうことか。ひとの本を読むということなのか。ひとの本読んで、ひとの本のことを書いてどうするというのか。

16
9
革ひも
20
gapčik sōlug.
これは旅行用で携帯に便利なように
小型にできてゐる。ウルム，joxe などを入れる。
馬の鞍についてゐる（後の方）革ひもでむすんでゆく。

自分の経験を客観的に記述するという習慣がなかった

小山　梅棹さんが一番最初に書いた学術論文は「犬橇の研究」でしたね。京大の探検地理学会で樺太へ行くというときに、まだ、三高生なのに入れてもらったそうですが。

梅棹　年の暮れから、真冬の樺太に行った。はじめてイヌぞりに乗って、イヌぞりの研究をした。それでがんばって「犬橇の研究」という論文を書いた。これが二三歳のとき。これは加納一郎という、自分は探検ジャーナリストと言ってたえらい大編集者が、わたしをひきたててくれた。すごい大部の論文だったのだけれど、全部、一回で載せてくれた。実は、それまで『ケルン』という非常に高踏的な山岳雑誌があって、加納さんはそれの編集やっていた。その人が、『ケルン』を引き継いで『探検』という季刊の雑誌を出していて、引き受けてくれた。彼は、極地研究家やったな。

加納一郎は朝日新聞のジャーナリスト。梅棹の「犬橇の研究」という論文が一九四三年に『探検』に出た。

その後、五六年に南極へ最初の調査隊・観測隊を出すというときに、イヌぞりを使うことが決まった。そこでイヌぞりに関する資料を探したところ、この論文しかなかったというので、担当の隊員が梅棹を訪ねてきた。当時、それくらいイヌぞりに関する研究はなかったのである。

梅棹 そうそう、菊池徹という人だった。彼は北大で地質・鉱物の専門。鉱石の鑑定、とくに宝石の鑑定の専門家だった。彼はのちにバンクーバーで自分で店を開いて、宝石鑑定と毛皮の商売をしていた。この人が、「犬橇の研究」という論文を発見して、うちまで来てくれた。ちょうど、京都はお盆の送り火（大文字）の日やったな。

「犬橇」はいちおうちゃんとした研究論文だったのだけれど、どうして、それまでだれもやってなかったのかな。**自分の経験を客観的に記述するという習慣がなかったんやろうね。**

小山 何でも外国の引き写しが学問だ、みたいな。

梅棹　みんなそうやったな。だから、**自分でやることが学問になるとは思っていない。**「犬橇の研究」は大論文やったが、これをポンといっぺんに、たくさん図版が入っているやつを全部、載せてくれた。

若い人こそ本質論をやれ

梅棹　わたしは若い人には、**本質論をやれ**と言いたい。まだまだみんな若いな、と。**現象論に目を奪われるのは、ひとつの若さ**です。若さはあるが、**ジャーナリズムの悪影響**でもある。

小山　あのころ、（学者や研究者が）新聞に書くっていうのが、おかしいと言われてた時代でした。まあこの点、最近ちょっと変わってきたのは、それが評価されるようになったことです。専門家は分野が違えば、分厚い報告書をつくっても見ない。専門誌とか新聞、よくても雑誌までしか見ないんですよ。

梅棹　だれが？

小山　判定する人です。そうすると、新聞に出るものは大事なんです。そこはみんな見ているから。「いや、お昼のワイドショーで司会つとめてます」って言っても誰も尊敬してくれないのだけれど、「まあ、こういう新聞に書きました」とか言うといちおうは見てくれる。そう言えば梅棹さんは、「民博の研究連絡誌『民博通信』の最後に、自分が発表したもの、新聞でも雑誌でもいいから、すべての書誌データを書け」と言ってましたよね。

その判定する人が大学院生を指導していて、彼らが一年も詰めてやり始めたら、もう、お手上げですわ。指導する側がついていけなくなる。しかし、学者になってみて、壁のなかでのうのうと生活してるのも、いい気持ちですよ（笑）。

梅棹　ひじょうに居心地がいい。でもわたしは基本的にプレイボーイなんや。遊びたいので、閉じこもってるのはだめなんです。

小山　安穏としてるのは、かなわんわけですな。寝たきりになったら、かなわんと。

梅棹　そう。

わたしには「べき」がない。梅棹忠夫は「梅阿弥」や

小山　ところで、梅棹さんはよくあたる予言者ですね。しかしそれを「こうせい」とは言っていないというところが、みんな不満なんですよ。

梅棹　なるほど。わたしはある意味で、マルクスやらと共感するところがある。しかし、一番ちがうところは、マルクスには「べき」がある。わたしには「べき」がない。「〜すべき」がない。阿弥で遊び人ということだ。阿弥っていうのはみんな美食家で、京都東山の麓に居を構えて、ごちそう食べて遊んでたんやな。そういう生き方が一番理想とちがうかな。

小山　梅棹さんは現象を見ながら、現象にとらわれない。それでいつも、ずーっと向こうが見えているというのは、洞察力ですかね。

根底にはインテリ道に対する反発がある

小山 ローマ字論。これがまた難儀な問題で。樋口敬二さんが言ってるんですが、学生時代にローマ字でノートをとってたんですか？

梅棹 そんなこともあったな。授業のノートもローマ字でということもあった。ローマ字が一番活躍してるのは、カラコラム・ヒンズークシの帰り。車のなかで観察日記をローマ字タイプで打ってた。

梅棹は、ローマ字の科学論文雑誌『Saiensu』（一九四七年五月一日、第1号発行）を出していたことがある。この雑誌は出版社の都合で3号で消えた。

小山 樋口さんが言っているのは、そのときに、梅棹さんのノートを見せてもらったら、「コーチョードウブツ」ってローマ字で書いてあって、わけがわからなかった、苦労しましたって

（笑）。でも、梅棹さんはずっとローマ字論者でしょ？

梅棹　まあな。

小山　その基本となっている考えは、伝達の簡便さと速さなんですか？

梅棹　簡単に言えば、合理主義です。このほうがよろしい、合理的だということ。そのもとには、漢字に対する反発があるな。インテリ道に対する反発というのか……

小山　漢字への反発か。民博の八杉佳穂さんは、「わたしは梅棹さんに勝つ」と言ってるけれど、漢字のよさも認めてはいるんでしょ？

梅棹　よさはある。しかし大きな目で見たらそんなもん勝ち目はない。ローマ字が勝つに決まってるわ。

小山　中国の電報を見て、こらあかんなあと思ったと言ってたでしょ？

梅棹　全部暗号や。

だいたい漢字信仰は江戸時代や。江戸時代の日本のインテリは全部、中国かぶれ。

小山　しかし、これがまた一種、かっこいい。筆でサーッと書いたり、読めない字書いたり。漢字が書けて読めるといったら、偉いと尊敬される。

梅棹　そうなんや。それでみな、江戸時代は、とにかく字が書けて読めるというのは、**ものすごく偉いように見えた。**いまでもそやけどな。

小山　それなのに、大局で見れば、将来はやはりローマ字になるのですか。

梅棹　長い目で見たら必ずそうなる。

小山　ぼくもいま、原稿の打ち込みは全部、ローマ字入力です。

梅棹　いまはもうたくさんの人がローマ字で書いてるのか？

小山　ローマ字でキーボードに打ち込むと、漢字かな交じり文が出てくる。

梅棹　出てくるものも、ローマ字であることが望ましいんやがな。

博士号は運転免許だ

小山　一九九〇年に民博は総合研究大学院大学に入りました。これは長倉三郎さん（初代学長）から相談があったんですか？

梅棹　共同謀議やな。それは民博で学位を出したいという思いからきた。学位をどうすればよいか。文部省当局は、「学位は大学でないと出せない」と言う。だったら大学にしようじゃないかというので始まった。それで長倉さんと一緒に考えて、総研大という大学をつくってしまったんです。それなら独立研究機関、博物館も研究所だから全部ひっくるめてここを大学にしたらいいというわけで、民博でも学位がとれるようになったわけです。

小山　そういうムチャをやらしたら、梅棹さんの切れ味は鋭いですな（笑）。

梅棹　鋭いのか？　……鈍刀やで。**鈍刀やけど、ちょっと重たいわ。**ガーンとやったら力があるからズンと切れる。

小山　そのときのわれわれ民博の「先生方」の反応を覚えてますか。

梅棹　民博の先生方の反応なんてないわ。

小山　ありましたよ。わたしはアメリカで学位を取るのにえらい苦労した。大学の先生が「博士号を持たないのはあかんなあ」と思っていたら、梅棹さんが「博士号は運転免許や」って言った。

梅棹　学者は学位がなかったら無免許運転やぞって。(笑) そんなもんあかん。

小山　だから、梅棹さんのそばに人が来なくなったんです (笑)。だって近づいたら必ず言われるわけですからね。「無免許運転」って (笑)

梅棹　そら、ほんとのことやから。

小山　あのとき「博士号は足の裏についた飯粒や」と言いましたね。「なんでですか?」って聞くと、「取らな気持ち悪いし、取っても食えん」って (笑)。その結果、初期の就職率がものすごく高かった。無免許運転者のなかに、免許持ったのが入っていったわけですからね。博士号を取った人はほぼ就職して、いま活躍しています。

そうしたら他の大学があわて始めたんです。まだ若いって、なるべく博士号を出さないという方針でしたから。

梅棹　そうやったな。とくに文学部はひどいもんやった。京大でもまず博士号なんか出さない。

小山　反応が早かったのが東大・京大。これはいかんと思ったんでしょうね。ところが困ったことが起こったのは、その先生方が学位を持っていない。

梅棹　そうそう。文科系の京大教授は学位持ってない。

しかしそんなもん、国際的に通じるものやない。国立大学教授で学位がないなんて、何たることや。

小山　いや、それで通じたと思っていたわけだから。とくに文科系の人は、井のなかの蛙だったんでしょうね。

梅棹　学位なんか取るのは恥ずかしいみたいに思ってた。

小山　もちろん、学位を持っていなくても、実力はあるから審査はできるわけです。ところが取ってない人ほど厳しいんです。

梅棹　いまの民博教授は、だいたいみな学位あるのか？

小山 だいぶ増えましたね。六六パーセント、でもまだまだ。

やんちゃがないのやね。
みな、こぢんまりと、できあがってしまってる

小山 民博をつくるとき、梅棹さんは一人ひとりの論文を読んで、学会に行って発表を聞いて、これはいいだろうと採ってきたと言われています。

梅棹 そうやった。当時は山椒大夫です。人買い稼業。それで、これはっていうのを買ってくる。

小山 買ってくる（笑）。

梅棹 それで、大森康宏君は、「親子丼一杯でだまされました」って言うんや。（笑）「文部省でお昼ごはん食べに行こうかって言われて、それで親子丼食べて、民博へ来んかって言われた」って。

小山　へえ。

梅棹　そのとき彼は、学者ではなかった。映画をやっていた。しかし、なかなかの人物です。民博のあと立命館大学で映像学部という新設の学部つくって、それの学部長になった。

小山　ところが梅棹さんは、それだけ選びながら、「おまえら新聞に書け」と連載か何かさせたでしょう。そしたら、書けないやつがいっぱいいて、「これはひどい」ってやめたって。

梅棹　そういうことがあったな。全然だめやった。

小山　あれ、それだけ梅棹さんが選んでやっても？　それは「ゆたかなサービス精神」を持っていなかったんでしょうか。

梅棹　そうや。

しかし、いまの民博はどうなっているのか知らんけど、あまり勢いがないな。やんちゃがないのやね。みな、こぢんまりと、できあがってしもてるのかな。

小山　体制が整うと役人的になるんでしょうね。

梅棹　そうやろうね。みんな官僚的になる。

小山　そう言えば、最近は打たれ弱いということもある。みんな、批判されるのを嫌がる。

梅棹　それはみな、そうや。批判されると、非難されたように思ってしまう。

小山　批判と非難はちがう。

梅棹　ちがう。

小山　でも世の中の人は、批判に弱いですな。

梅棹　ほんとに弱いね。批判に対して弱い。

小山　ぼくも梅棹さんじゃないけれど、大学や博物館で「正論を貫け」って言っている。それしか方法がないでしょ。

梅棹　そうや。信ずるところを貫かな、しかたない。

みんな、批判をおそれるというより、評判をひじょうに気にする。その意味では、ジャーナリスティックでもあるし、芸能人的になってるね。いまの世の中で、芸能界がもたらした害悪はひじょうに大きいな。テレビがもたらした害悪。なんだかテレビに出るのが偉いっていうふうになってしまった。ちがうか？

小山　そのとおりだと思います。

テレビに出演したら、花形になったような気になる

小山　梅棹さんはある時期から放送には出演しなくなりましたね。そのころは、放送、とくにテレビが上昇の時代にあったから、けっこう若いインテリが集まっていたんですよね。大学の先生もけっこういました。

梅棹　元気づけた、アジテーション。あれで、ずいぶん放送人が元気づけられたと思う。

小山　育てることになったんですね。その後、『放送朝日』ではいろいろ特集してるでしょ。そのときは、テレビには出てたんですか?

梅棹　まだかろうじて出てる。朝日放送のお金をもらってアフリカへ行って、『ジャンボ・アフリカ』っていうテレビのドキュメンタリーをつくるのにも関係して、それで、ハイ、おしまい。

小山　『ジャンボ』みたいな企画を、もともとやりたいときもあったんでしょう?

梅棹　やってた。

小山　それはおもしろくてですか、それとも協賛金をもらったので、交換条件でやってたんですか。

梅棹　交換条件やな。興味もあったけれどね。

小山　しかし、放送界のあまりの無礼さに腹を立てた？

梅棹さんがさかんにアジテーションをやっていた時代というのは、どんな状態だったんですかね。彼らは、梅棹さんが「放送は産業だ、意味がある」と言ったことでみんなが興奮したわけですよね。で、いろんなこと、言ってきましたか？

梅棹　民間放送研究所で放送文化なんかを研究する、そういうようなところには入っていたけれど、現場にはそんなにタッチしてない。現場はあくまでも交換条件。お金をもらってアフリカへ行く。

小山　ＮＨＫテレビにさかんに出てましたね。

梅棹　自分で企画して、出演したのもあった。

小山　スタジオはもっぱら京都ですか？

梅棹　いや、大阪。しょっちゅう大阪へ行っていた。それがやめた原因のひとつ。これはもう、たまらんと思った。

小山　たまらんわって、勤め先は大阪じゃないですか（笑）。そうか、大阪市立大学への就職が決まってから、京都の北白川に家をつくったんですから、大阪なんか行ってなかったのか（笑）。

梅棹資料室には、梅棹の著作物や著作目録はほぼ完全にそろっている。しかし、テレビの出演記録はまとめられていない。

小山　それでＮＨＫはどういうのに出てたんですか？

梅棹　たしか生放送で、時事解説みたいなもんやった。わたしは新進評論家だったから。

小山　この記録がないのは惜しいな。**過去の犯罪歴**みたいなもの。

梅棹　ハハハ、ないわ。それはもう永遠に失われた。やめると公言したから。

小山　ちょっとまだやめないでください（笑）。時事評論家だったわけですか。

梅棹　テレビもラジオも両方やってた。それで大阪の放送局にしょっちゅう行かなあかん。テレビに出演するにはお化粧もせなあかん。もう、アホらしなって。

小山　梅棹さんはウケがいい、おもしろいものだから、一度出たらどんどんオファーが来るでしょう？　毎日のように行ってたんですか？

梅棹　まあ、よく行ってたな。

一九五九年のお正月の日録には以下のように記されている。

「一月二日金曜日、ゆうべ寝たのは午前三時だ。きょうは午前六時におこされる。ＮＨＫの森本さんがむかえにきた。今西錦司さん、桑原武夫さんをまわって、車で大阪へ。東京からの西堀栄三郎さんをくわえて、四人でテレビの新春座談会、題して『探検と文明』。

一月五日、大阪へ。朝日放送の座談会にでた。

一月九日、ＮＨＫの国語講座のテキスト原稿ができないのでよわっている。放送は三月だというのに、いまから九回分の要旨を書かなければならない。しゃべりたいことはたくさんあるが、なかなかまとまらない。……夜はＮＨＫへゆく。社会時評、新年第一回。

一月一二日、ＮＨＫのテキストで、まだよわっている。

一月一六日、大阪へゆく。昼ごろ毎日放送へ。「朝の談話室」の録音。相馬英二郎さんのところへ顔をだした。プロデューサーもいっしょにお茶を飲みにゆく。……夜はＮＨＫ社会時評の録音。」

小山　一日二回も出てるじゃないの（笑）。

あ、一月二四日は、「『骨』の同人の依田義賢、井上多喜三郎、両氏の『鳥羽僧正屁合戦』のテープをきいて合評。ＮＨＫ第二放送で放送されたもの。狂言という形式はけっこうつかえるではないか」。五九年の一月二六日までしか書いていないけれど、「夜はＮＨＫへゆく。社会時評だ。新年第一回」とか、いっぱい放送局出てきますよ。

梅棹　ほんまやな。

小山　それこそ「マスコミの寵児」だったんですね。ルックスも悪くないし（笑）

一九七一年一月も日録があるが、この年は放送の話はまったくない。お酒の話ばかりが書かれている。

「一月一日、おとそで上機嫌になり、……酒はたのし、のむほどにブレーキがきかなくなり、盃をかさねる。前後不覚。

一月二日、したたかに酔う。

一月四日、睡眠薬がわりに夜中にしたたか酒をのんだので、また二日酔い。

一月六日、昨夜の記憶はある。しかし酒はやはりやめようとおもう。酒は研究生活によくない。」

小山　放送に出なくなったら、酒飲んでるんだ（笑）。

ともかく、やはりマスコミという派手な舞台の上に一度踏み込んで立っているんですね。

梅棹　たしかに**花形**やったな。

小山　学問とは別の空間がひらけたんですかね。

梅棹　そやな。

小山　前に学界を揶揄《やゆ》していたと…

梅棹　まるでわたしをジャーナリスト扱いした人がいる。でも、逆にわたしは、自分ではアカデミズムの権化だと思ってたから（笑）。

小山　世間はその区別がつかなかったんですね。正体がわからなかった。放送でもてはやされたら、そう言われるのはしかたがないんでしょうけれど。

ぼくも梅棹さんがいなかったら、いまごろマスコミの寵児となっているかも（笑）。どんどんそっちのほうへ突っ込んでいった人いますよね。いまやマスコミと政界が結びついているから、漫才師でも政治家になる時代。ほかにもいっぱいいますよね。

梅棹　それはたくさんいるわ。テレビに出演したら、花形になったような気になる。

小山　いまでもそうですよ。「先生はＮＨＫのテレビに出ていたから偉い」と言われたことがあります。

梅棹　大衆的にはそうなる。

小山　そういう風潮になると、テレビ局のほうも、今度は「出してやる」になるんですね。

梅棹　新聞社でも「書かしてやる」って、そういう言い方があった。「何だ、書かしてやらないぞ」ってなことを言われたことがあった（笑）。

小山　あれは一種の蜜の味があるんです。それで気がついたら虫歯でボロボロになっている（笑）。情報時代の先端をいっている人は、きわどい刃の上を歩いているようなところがあったでしょうね。

梅棹　あったやろうな。

小山　ジャーナリズムと接近したのは、そもそもスポンサーとしての新聞社・雑誌社・放送会社・出版社というところがあったわけですね。

　梅棹は自分を振り返ってこう書いている。

「アカデミズムとジャーナリズムとのあいだには、伝統的にいくらか溝がある。両者はたがいに、ときには批判的であり、反目しがちである。とくに、わたしのように、アカデミズムのなかで育った人間は、学界におけるジャーナリズムに対するつめたい目をつねに意識してきた。ジャーナリズムにちかづく人間は、まるでアカデミズムからの失格者のようにさえ見られがちなのである。

しかし、おなじアカデミズムでも、わたしなどは登山や探検の世界に身をおいていたので事情はかなりちがっていた。登山や探検という行為は、つねにニュース性をもち、ジャーナリズム的な価値を内包しているのである。(中略) わたしも学界に身をおきながら、ジャーナリズムの世界と密接にかかわってきた。」(『行為と妄想――わたしの履歴書』二〇〇二年、中公文庫)

梅棹 そのとおりや。ちゃんと分析している(笑)。

小山 こんなこと書いてたんですか。すごいなあ(笑)。でも、なんだか矛盾しているという気もするな。

一緒にテレビ出演した子どもが非常に悪くなっていく

小山　梅棹さんは文化人と呼ばれた最初のグループですか？　あの頃、悪口をよく聞きましたよ。民博でも「新聞に書いた小エッセイを業績として載せるとは何事か」と。前にも出ましたが、「書いたものは業績として『民博通信』に書誌データを全部出せ」ということがあったでしょう。しかし、まず論文を書くべきだという意見の人は多かったですね。梅棹さんのように何もかも載せるのではなく、自分で書いたものを取捨選択して、「これは自分の業績として載せよう」「これはやめておこう」という人も多かった。

梅棹　そやな。

小山　いまでもジャーナリズム活動はアカデミズムとまったく関係ないと認識している人がけっこう多いんでしょうね。

梅棹　わたしはエクスペディションをやってたから、ジャーナリズムにふかくコミットせざるをえない。ジャーナリズムはスポンサーなんです。とにかく探検をして、帰ってきてその記事を書いて新聞社や出版社などが買ってくれるわけだから。

小山　そのあと、ジャーナリズム側でも藤木高嶺さんや本多勝一さんのように記者が登場し、新聞社が自前で出すようになったんですね。それまでは記者をそんなところへ派遣するなんてなかったでしょう？

もとは、探検してきた学者の書いたものが必要で、これだけの資金を提供するから帰ってきたら書くようにと。梅棹さんは朝日新聞の係で、中尾さんが毎日新聞とか、手分けしていたそうですね。

梅棹　そうやったなあ。

木原均先生が当時、学術は朝日新聞、スポーツは毎日新聞と区別して、自分の息のかかった人を振り分けた。「お前は朝日」「お前は毎日」と。

小山　その後、テレビ、ラジオから離れてしまいましたね。

梅棹　いっさい放送に出演はしない。電波には乗らない。その点はひじょうにはっきりした。民博の開館のときにもさんざん言われたわ。「館長が出演しないとはどういうことだ」と。

小山　一番売れてたのに。花形スターが出ないというんじゃ、マスコミもつらいでしょう。でも、「遠くから撮られるのはしかたがない」って言ってましたね。

梅棹　ニュースとして撮られるのはしかたがない。しかし、出演はしない。

小山　でも、一時は脚本まで書いていたわけですからね。脚本っていったらおかしいけれど、さっきの国語講座とか。一時はそこまで深入りしているわけだから。

梅棹　電波を嫌うわけじゃない。出演はしないというだけや。

小山　なんでそう決めるのか。むなしさみたいなものを感じるんですが。

梅棹　具体的ないきさつとしては、一緒に出演した子どもがひじょうに悪くなっていく。これは

放送は人間を悪くする。子どもはまるで英雄みたいになっていくんやね。ひじょうに悪くなった。それで、こういうものは人間を悪くするから、自分はもうやめやと。

テレビは思想の媒体ではない

小山　梅棹さんは感性的にものを言っているんじゃなくて、かちっと論理的に構成するから出演をやめたのかなと思うんです。放送、テレビの収録では、考えていたことが時間の都合で全部とばされたりしますね。そういうのがたえられないんじゃないですか。

梅棹　とにかく、活字人間には、放送みたいな雑な仕事はたえられんな。

小山　それから、何よりも記録に残らない。無責任。だけどいまはビデオとかＤＶＤとかがあって、本人は不満足でも、作品が残っちゃうんです。

梅棹　切ったり貼ったりの編集が、発言者の最終確認をとらないでやられてしまう。本だったら、最後の最後まで、ここ削ったり、ここは誤解を生むからちょっと足したりってできるけれど、テレビやラジオでは、それは発言者にはできない。だから責任が持てない。

小山　その発言も、梅棹さんなんかであれば、話すときには、ちゃんと予稿をつくって演説するでしょう？

梅棹　あれは思想の媒体ではないな。

小山　無礼だとかいやだとか、おれの趣味に合わんというのでは理由にならないんだ。「放送は思想の媒体ではない」。ああ、いい言葉だ。これが聞きたかったところです。新聞社でも、電話インタビューは全部断っていましたね。

梅棹　断った。これも責任が持てないから。

小山　すると梅棹さんが書いていることは、全部責任を持って書いている。

梅棹　あたりまえやろ。全部自分の言ったことを確認している。それができない媒体には責任を持てない。

小山　ずいぶん厳しいなあ。

梅棹　わたしは、別な言い方したら、芸能化するのをひじょうに嫌った。

小山　芸能化というのは、同じことの繰り返しですか？

梅棹　それから、ウケるということ。それがいやだった。だから芸能人とちがう。

小山　そこのところの境界線をどう越えるか、それがよく言われるけれど、やっぱり梅棹さんはきちっとやった。

梅棹　わたしは厳しいよ。芸能と区別する。しかし、これはかなりむつかしい。

小山　カメラの前に立たされたら、自分のやりたくないことも要求されるでしょうね。

梅棹　そや。

小山　そうか、思想の媒体ではないと切り捨てるのは、すごいなあ。すると梅棹さん、「学術をポケットに」と、一般の人が読めるような文庫、講談社文庫にまとめて載せましたよね。それから『文明の生態史観』も中央公論ですね。全部、学界みたいに、自分の世界に閉じこもっちゃって、小さな世界で情報発信して受け取ってやっているというのは…

梅棹　そうではない。

小山　いま、コンピュータの世界が、ウェブだとかITだとかいって、ものすごく複雑になってきているんですよ。責任の所在がますます不明瞭になってきています。若い連中が、この革命をどう乗り切るのかということに興味があるんですけれどね。

梅棹　興味はあるね。おもしろいやろうね。しかし、もう理解できない。

小山　興味はあるけれど、自分でやらないからですか。

梅棹　もう理解を超えた。

第　八　章

できない人間ほど権威をかざす

ともかく梅棹が嫌うのは、「権威を笠に着る」ことだ。「権威にしがみつこうとする」「インテリについても「一般民衆をバカにしている」と厳しい。

しかし世間では、その梅棹自身を「権威」者とみなし、近寄りがたい存在と感じている人が多かった。本人は「(わたしは)目つきが悪いからなあ」と笑うが、素顔の梅棹はとても気さくで、おもしろい人だったのだ。

日本におけるあしき伝統としてインテリ道というのがある

梅棹　明治以後形成された日本のインテリ像というのは、かなりシビアなものやったな。それが権威化してしまった。

小山　そうやって考えると、民博がこれまた博物館道の人にとっては驚天動地なことをやったわけですね。展示物に触っていいとか。写真撮っていいとか。

梅棹　ほかでは一切やっちゃいかんことを、どんどんやった（笑）。

小山　博物館の多くは、まだ写真禁止です。

梅棹　博物館もそうだし、図書館もそう。同じ思想がずっと続いている。

小山　あれ、一般人民をバカにしているんじゃないか。

梅棹　そういうことや。一般民衆の立場に立ってない。

小山　ところが、一般民衆もだいぶタチが悪かったですね？

梅棹　いや、そんなことないよ。

小山　民博を始めたときに、役人さんたちは、三か月たったら展示物を盗られて展示場がガラガラになるんではないかって。

梅棹　そう言ってた。それに対して、わたしは「そんなバカなことは絶対にない、大丈夫だ」と言った。あけてみたら、何ひとつなくならない。みんな盗られると思ってたんだね。実際に、外国人がそう言ってた。「こんな露出展示やったらいっぺんに物がなくなる」と。わたしは、「日本はちがいますよ、ヨーロッパは知らんけれど」と言ったんです。ヨーロッパはそうらしいね、物がなくなるんだって。日本はそんなことはない。

インテリというのはまさに武士道。サムライの後継者や。それで町民をバカにしとる

梅棹　いまの話だけれど、わたしはとにかく、武士道の知的後継者としての、インテリ道やな。支配するという態度に対する反発が非常にあったな。

小山　それで、チョウニナイゼーションなんていう言葉が出てくるわけだな（笑）。あれはあまり上品な響きがないけれど（笑）。

梅棹　サムライゼーション（武士化現象）という言葉があって、チョウニナイゼーション（町人化現象）とは、それに対する言葉です。

小山　あの言葉が出たシンポジウム「日本人にとっての外国」（一九八八年）では、みんなひっくり返ってびっくりしていましたよね（笑）。でもインテリというのはあぶないですな、良くなったり悪くなったり。

梅棹　いわゆるインテリというものは、まさに武士道です。サムライの後継者や。町人をバカにしている。

権威でのぞんでくるのが一番嫌いや

梅棹　それは、反対にひっくり返して言えば、権威でのぞんでくるのが一番嫌いということです。

何事でも権威主義、ものすごく腹立つね。わたしは権威に逆らうから、ずいぶん角がたったものです。前も言ったけど、インテリ道というのは、これは近代武士道やねん。

小山　近代武士道ですか。

梅棹　ところが、いま近代武士道は行き詰まってるんです。わたしはしばしば思うのだけれど、近代の、いまのインテリの原型は、江戸時代にできている。江戸時代のインテリ層と言えば武士、それがだいたいの原型をつくった。

小山　貧乏武士ですか？　リッチな武士ですか？

梅棹　どうだったんやろうな。とにかく、侍どもが民衆をバカにしてきた。「オレたちが知識人だ」と。

小山　大阪はサムライ道でない知識人がいましたね。

梅棹　適塾もそうやけれど、まず懐徳堂でしょう。ここで町人の学問所ができる。これは大阪の固有のものでした。京都にもあった。京都は伝統があってね、それは町人の学問です。

小山　京都は、公家の伝統ではないかと言う人がいますが。

梅棹　ちがいますよ。京都の文化は町人の文化です。みな、お公家なんかバカにしていた。わたしら子どものときは、あきらかにそうでした。「お公家というものはつまらん」って。

小山　なるほど。それで、また本阿弥光悦に、かえってくるわけだ。光悦さんは町人ですね。

梅棹　町人です。

小山　なるほどね。今日は、あたらしい言葉が出てきたな。「現代のインテリは近代武士である」って。

梅棹　武士の後継者ですよ。武道はぜんぜんできないけど（笑）

小山　でも、形式のよさを言う人は多いですよね。たしかに、武士というのは一種の規範をつくってますよね。新渡戸稲造《にとべいなぞう》が書いた『武士道』という本なんか、どう思うんですか？

梅棹　読んでへん。

小山　（笑）この無視ぶりはひどいな。読んでくだらないというのは、まだいいほうで、「読んでへん」と言われたら、とっかかるところがもうない。英語で翻訳もされて……それでトム・クルーズ主演の映画（『ラストサムライ』）になって、また売れたという『武士道』でっせ。

梅棹　話は聞いて知ってるけどな。

考古学者は文明を全然わかっとらん

小山　『日本文明77の鍵』は、不思議な本でした。梅棹忠夫編、執筆は米山俊直、谷直樹、園田英弘、守屋毅、小山修三と梅棹さんでした。あのとき梅棹さんがホテル・プラザにみんなを呼んで、徹夜で講義をした。

梅棹　あの当時は何でも日本文化やった。それで、出版社のほうでは「日本文明」という名に抵抗を示してきた。「何を言うてる、これは文化論と違います、文明論ですよ」と、強く突っぱねた。

小山　そうです。あのとき項目を一〇〇挙げました。はじめ環境について、まず、日本は群島である、島の国である、森林の国である、四季のはっきり分かれた国である、というのをいちいちのトピックについて梅棹さんが講義しましたよね。それで、たとえば「日本はスキー大国や」とか。

梅棹　あのとき、ヨーロッパの連中が、**日本でスキーができると言ってびっくりしてね。**彼らは「アジアは南の国」と思ってる。だから日本でスキーができるというので驚いていた。それぐらい日本は北国だったのかと。わたしから言わせてもらえば、**日本は北国です。**日本人も忘れてる。ほんとに、アジアから帰ってきたら、東京に着いたとたんに、「うわー、北国へ帰ってきた」というのが実感だったな。日本はほんとに寒い。あのカルカッタの蒸し暑さ、バンコクのことを思ったら全然ちがう。あれがアジアであって、それに比べたら、**日本はほんとうにアジアと違います。**

小山　島国であるということは何かあるんですか？

梅棹　大陸国家とはちがう。

小山　それから「日本の森林はすごいんやで」っていうのもあった。

梅棹　日本の森林はすごいよ。

小山　というのをはじめ、自然条件というか生態的条件をまずきちっとおさえろというので、講義がありまして、その次、日本は縄文土器が世界一古いと。

梅棹　そう。縄文文明は実に古いです。世界の四大文明と言うけれど、なぜそこに縄文を入れないのか。

実は『日本文明77の鍵』のための相談をしていたときは、まだまだ縄文はほとんど評価されていなかった。日本の文明は弥生時代から、というのが大勢で、梅棹自身もそう言うことが多かった。しかし、三内丸山遺跡に実際に行ってみて、梅棹の縄文に対する評価が大きく変わった。

小山　そういう意味では『日本文明77の鍵』は予言の書だったんですね。縄文は世界一古い文明のひとつである、と。それが後に三内丸山で見事に実証された。だから増刷のとき、改訂せざるをえなかったんだけど、そこのところを、たまたまぼくが書いていたからよかったわけです（笑）。

梅棹　君が書いていて、ほんとうによかった。三内丸山というのは、大発見やったんやな。あれは完全な都市文明です。整然たる街路と都市計画があるのやからね。それを、ホルド（三十人ぐらいの親族を中心とした集団）がしょぼしょぼとあった縄文文化だという。**どうして考古学者はああバカなんや？** 文明を全然わかっとらん。何でも昔のものは古いしょぼくれたものやと思っている。発見していないもの＝0とする。だからひとつの発見で全体がゴロッと変わる。信用でけへんな。

前から言ってるけど、縄文時代の衣服がぜんぜん出てこない。だからといって、みなスッポンポンで歩いとったのか、あれだけ櫛やアクセサリーが出てるのに、ボサボサ頭やったんかって（笑）。**遺物第一主義というのは、いかにバカげているか。人間の全体像を見てない。** 遺物だけで考えている。そんなもん、ちょっと考えたらわかりそうなもんや。遺物第一主義で考えてると、そうなる。

小山　それから農業といったらもう、コメ、稲作。

梅棹　みな、**思い込みというか、固定観念にとらわれている人が多い。**思い込んだら一〇〇年目。

小山　だから、青森の人が張り切りました。梅棹さんという大学者が、「日本文明はここから始まる」と言ったから、もう大喜びでした。

とくにインテリ層の反応が変わった。ぼくがいろいろ言ってもなかなか信用しなかったんです。「三内丸山がすごい」と言ってたけど、少壮学者で、考古学者のドロップアウトみたいなやつが何を言ってるんだ、というような流れがちょっとあったんですよ。考古学者の偉い先生の意見が強くて。それで、梅棹さんを説得して、青森へ連れて行った。梅棹さんの言葉にパッと目から鱗が落ちた。自信つけたみたいですね。

梅棹　やっぱり現地へ行って言わないとあかんもんや。

日本史の学者はおおまかな筋が見えてへん

小山　それで、日本文明のほうにいきますけれど、あのとき梅棹さんは、「外国人にわかる歴史を日本人が書いていない」と言ってましたよね。日本人は、こまごま重箱の隅をつつくばかりで。

梅棹　ほんとに、いまでもそれは変わってない。日本史の学者は世界史的な視野がない。全然おおまかな筋が見えてない。

小山　梅棹さんは文化史ではなくて文明史であると言う。

梅棹　そや。文化史というのは価値論や。文明史というのは現象論です。まず現象論を確立しなければいかん。どんなに価値論を言ってもだめ。まあ、みんな文化が大好きで、「文化　文化どんどん」や。（笑）よくあれだけ文化論をやったもんや。

小山　現象論だと、なぜそういう現象が起こったかという説明がいりますね。

梅棹　いります。わたしの非常に基本的な考えは、自然史と人間史・人間文明史の統合、自然史と人間文明史を一括してとらえるというのが基本的な考え方なんです。だから、文化史ではとらえられない。

小山　梅棹さんは、日本文明に対する確かな信頼がありますね。

梅棹　かなりこれは古いし、内容がしっかりしている文明だと思っている。文明というのは、人間がつくり出した環境、人工的環境のすべてなんです。ずいぶん日本人は立派なものをつくってきた。だから、それは誇りを持って語るに足ると思う。人工的環境としたら、たいしたものとちがうか？

小山　日本文明に対する確信を持ったのはいつごろですか？

梅棹　いつごろやろ。モンゴル、インドとやってきたけれど、日本について確信を持ったのは、やはり三内丸山遺跡の発見かな。あれは大きかった。

小山　一九六〇年代に、共同通信社や朝日新聞社を通じて、ずいぶん歴史学者と共同討議してるでしょ。あのとき、相当いろんな影響を受けたんじゃないですか。だいぶん質のいい歴史学者と討論してますな。

梅棹　林屋辰三郎、山崎正和、そしてわたしが通常メンバーで、上田正昭、村井康彦、司馬遼太郎なんかはゲスト。いつもだれか呼んでやってた。

ともかく、三内丸山を見たら、全然、考えが変わるはずだ。

包囲殲滅戦やったらいかん。必ず逃げ場をつくっておけ

小山　少し古い記事ですが、二〇〇四年一〇月一八日の「日本経済新聞」の「私の苦笑い」というところに談話を出されてますよね。ちょっと飛ばしながら読んでみますと、
「京大大学院の学生で二十五、六歳のころの話だ。そのころ、私はいろいろな問題で諸先輩とさかんに議論をかわしていたが、ある日、桑原武夫先生に『包囲殲滅戦をしたらいかんよ』と諭された。お説教には理由があった。私は、こと学問に関しては、正しいと思ったことは相手かまわず断固主張した。相手の誤りや矛盾をとことん追及して、その主張を理論で包囲して逃げ道をふさぎ、徹底的にやっつけることもあった。」「そんな世間知らずの若者を桑原先生は諄々《じゅんじゅん》といさめてくださったのである。『論争は大いにけっこう。でも、自分が優勢なときほど相手に退路をつくっておいてやったほうがええなあ。そうしないと恨みが残り、闇討ちにあうかもしれん』とおそろしいことをおっしゃる…」

梅棹　そうやったな。

小山　「ある先生が出版された野心作を読んでみると、多くの誤りや引用文献の誤読があったので、全教室員の集まった研究会の場で、原典を積み上げながら全面的な批判を展開した。そこには当の先生もいて、無言のまま顔面蒼白になられた」とか。「別の大先生の講演を聞いて、箇条書きにした疑問点をもとに次々質問を浴びせた。大先生は次第にしどろもどろになり、最後は居丈高になって梅棹さんを威圧しようとした」とか。具体的エピソードまで…

梅棹　それまでは、学問上のことはいくらやっつけてもいいと思ってた。桑原さんはわたしに、学者として生きていくうえでの知恵というか、「学問もしょせんは人の世のことである」ということを気づかせてくれたんやな。それからは、激しい論争はしても、過度に戦闘的になることはなくなった。

小山　やっつけられたことは、ないんですか？

梅棹　やられたことはない。**いつでも挑戦は受けるよ。**

日本の先生は権威主義、権威を守ろうとして居直ることがある

小山　ぼくもやられたことありますが、日本の先生って、居直ることがあるでしょ。

梅棹　権威主義。権威を守ろうとするから。

小山　「若造が何言うか」みたいな。「お前、見たんか」という反論なら「いえ、見てまへん」とか言えるけれど、「若いから」とか言われたら、返しようがない。

梅棹　しかし、それはしばしばあったな。

小山　まあ、若いからというのもありますけれど、論理的整合性がないときに、そういうふうに言われたら。

梅棹　論理的整合性のほかに着想がある。でも着想ということを、なかなか評価できんのやな。

わたしらの学生時代、教授はどんなにいばってたか

小山　まあ梅棹さんはそうじゃなかった。

梅棹さんて、ふっと考えてみると、いつも本質的なことを言われてるんですよ。民博でコンピュータを入れるとき、あれ、まだ相当早い時期だったでしょ。一九七六年。そんな時代にIBMのあんな大きいのをボーンと入れて、だれが使えるのかって、そういう時代だったですよね。ところが、ものすごいのを入れた。そのときに梅棹さんが何を言ったか。「コンピュータは、そろばんと鉛筆や」。

梅棹　あのとき、「供給が需要を生むんだ」と言いたかった。「供給してみい、そうしたら需要がでてくる」。それが当たった。

小山　梅棹さんのダンビラの切り口というのは、いつも基本的な哲学があってのことだった。コンピュータだって、それは鉛筆であり、そろばんであることは変わらない。だからどんどん使ってみたらどうだと。それによって現象はいろいろおこるだろうけれど、というところでスパッと

切っちゃったんですね。

梅棹　そうや。

小山　あのときは館長の梅棹さんが最年長で五六歳。そこに助手クラスの、まあ言ってみれば若ザルがくっついていた。だから、いろんなことをやってみたいというのが通った。もし年寄りザルが多かったら、こうはいかなかったと思うんですけれど。やっぱり若かったですし、もう、すごくエネルギッシュでしたね。おもしろかったですよ。「何でもやれ」って言うんだから。やらないほうが怒られる。「何もせんのんか」って。

梅棹　それぐらい、当時の学界は沈滞してたんです。

小山　そう言えば、民博で助手が科学研究費の代表者になった。それに対して「助手なのに」っていう意見があったんだけど、「どこがおかしい」って。梅棹さん自体が、若い助教授とか助手とか、生意気な連中と対等に話すので、ぼくはびっくりしたんです。「議論があるなら、いつでも言うてこい」って。ぼくなんかも、はじめ「梅棹さんは偉い先生やから」と思って控えてたんだけど。

梅棹　わたしらの学生時代、**教授はどんなにいばっとったか。**

小山　だから大学院生の分際で教授に立候補したんですね。

梅棹　そやそや。痛快やったで。大学院の学生で教授に立候補したんやから（笑）。あれはおもしろかったな。それで立候補演説をやった。

小山　そんなことばかり積み重ねていたら、梅棹さんが京大へ帰るのに反対する人もけっこういたでしょうね。

梅棹　いたと思うな。「あんなん、かなわん」って言って、ずいぶん抵抗があったと思う。京大に戻れたのは、桑原さんのおかげや。

小山　だいたい大学の先生はいばりが多いでしょ。で、理論的に挑んでいくと、**「何を若造が、わしは教授やぞ」**と。

梅棹　ああ、そういうことよく言ってるな。

小山　追いつめていくと、「何言うねん」というような切れかたをするって。

梅棹　わたしも若いとき、よくやられたけれどね、**追いつめられていったら居丈高に**

なるんやね。威圧しようとする。

小山　居丈高になるときは、自分でも、「あら、まずいな」と思ってるんでしょうね（笑）。追いつめたほうは「まずいことやってるな」とは思わない？

梅棹　若いほうは、そう思ってへんわ（笑）

小山　だけど、押さえつけてしまうんですな。

梅棹　威圧しよる。わたしは若いときに、なんべんでもそういう目にあってきている。相手から威圧されることになる。それで、桑原さんの「包囲殲滅戦をやっちゃいかん」ていう言葉がよみがえってくる。桑原さんという人は、そういう点でわたしに、やっぱり「知識人としてのマナー」というか「常識の道」をよく教えてくれた人でしたね。

小山　梅棹さんには常識がなかった（笑）。それは、そうですよね。丸山眞男さんが京大に講演に来られたとき、途中で席立って出てしまって…

梅棹　ああ。「こんなあほらしいもん、ただのマルクスの亜流やないか」って。そのときも桑原さん、「ああいうことやっちゃいかん。あれは、東京で偉いんやぞ」って。（笑）実はあとでわたしは丸山眞男と親しくなった。ものすごく陽気でいい人物だった。おもしろい人やったね。でも、話はつまらん（笑）。あんなものは、理論的にただマルクスを日本に適用しただけのことで、何の独創性もない。

小山　知識人というか、教授というのはあぶないところがあって、世の中の人は、ただいるだけでも偉い人だと思いますわな。とくに梅棹さんクラスになると。

ぼくにはこういう思い出があるんです。何かの会のときに、石毛直道さんが言ったのかな。「民博で、わたしたちの仲間では梅棹さんと呼んでます。だから、この会でもわたしたちは梅棹さんと言いましょう。そういうふうにやりましょう」と言ったんですよ。すると、サントリーの佐治敬三さんがあとで、「ようあんな偉い先生のことを、梅棹さんなんて言いまんなあ」と。「わたしら、おそろしいて、よう言いまへん。梅棹先生って言ってます」って（笑）

だから見方によっては、梅棹さんは近寄りがたい人という像が一般にあるんですね。

梅棹　あるんやね、そういうのが。不思議やな。

小山　それで梅棹さんに向かって「聞きたいことを聞くなんて、そんな無礼な」という話になる。

でも、梅棹さんというのは一緒に酒を飲んだり、こうやって話したりしていても、陽気で、とぼけてて…

梅棹　そのとおりや。飄々としたところもあって。

小山　カミソリではない、と。

梅棹　そんなんとちがうわな。

小山　そして若い者にも「対等に来い」というような、梅棹さんも一人の人間としてひじょうにおもしろい人だと思っています。

梅棹　なるほどなあ。そういう近寄りがたい大先生というイメージは、わたしには全然わからんから、へぇーってなもんだ。

小山　でも、目つきはわるい。

梅棹　そうらしいな。なんか目つきがきついらしい。

小山　それから、民博の大館長、ご著書もいっぱいあって。というと、人間扱いしないんですな。

梅棹　神格化しよる。

小山　ぼくら、ふらふらこうやって遊びにきていて、そうじゃない一面もあると知っていますけど。

第　九　章

生きることは挫折の連続である

梅棹はまちがいなく時代を動かした思想家だった。しかしその人生は決して、順風満帆にやりたいことをやってきたわけではない。旧制高校時代には落第、登山家・探検家として働き盛りのときには肺疾患に襲われ、そして六〇歳代で失明と、大きな挫折を経験し、克服してきたのである。

京大教授、国立民族学博物館長、文化勲章受章者——梅棹の肩書きからは近寄りがたい雲の上の人というイメージがどうしてもついてまわる。しかし、日常はふつうの人であることも事実なのだ。

困難は克服されるためにある。わたしは腕力でいろんなものを乗り越えてきた

小山　梅棹さんは子どものとき大工になろうかと思ったこともあったけれど、三高へ行って、大学へ行って、学者になってしまった。順風満帆の人生だったように思うけれど、実は落第もしてるし。

梅棹　何が順風満帆なものか。

小山　（笑）『挫折の連続　梅棹忠夫』というのを書いてもいいですね。

梅棹　挫折と克服。

小山　一般的に知られていることだけでも、ひとつは三高の落第ですな。それから敗戦による張家口の脱出。そして、マナスル登頂直前の肺病ですね。

梅棹　肺病は、これはほんとに大きな挫折やったな。

小山　だけど梅棹さんって、「あの人、何も苦労してないエリートや」と思っている人は多いで

すよ。だいたい、梅棹さんの自叙伝（『行為と妄想』）を読んだ人は、「その落第のところが一番痛快だった」と言ってますから、サクセス・ストーリーなんですよ、みごとに。

梅棹　みんなサクセスの部分ばかり読んでくれたんやな。

小山　でも、どこかで挫折の評価っていうのをしておかないといけないなあと思って（笑）。それが次に抜け出すのに大きなバネになった。

梅棹　前から、それは言ってたやろ。困難はなんぼでも出てくる。けど、**困難は克服されるためにあるんや。**ほんまに、いろんなことを乗り越えた。**腕力で乗り越えた。**

小山　ぼくが今回、ずっと聞き取りしていておもしろいなと思ったのは、「梅棹のような学者になる方法」。どうやって学者になるのか。

梅棹　**わたしは、いったい学者か？**

小山　「梅棹忠夫みたいな」学者になる方法ですよ。「ジャーナリストや」って言ったら怒ってたじゃないですか（笑）。「わたしはアカデミズムの権化や」って。世の中の人も梅棹さんは学者だと思っているでしょうね。それはまちがいないと思います（笑）。でも、綿密に調べてみると、梅棹さんはものすごく挫折が多いんですよね。

梅棹　ああ、多いな。

小山　まず、三高の落第。

梅棹　惨憺たるもんや。三高でいっぺん、放校になったんやから。

小山　追放だったんですよね。でも、おもしろいですね、あのときの先生方。みなさん、先輩諸氏が助命嘆願に教授の家をまわったとき、「梅棹は山岳部のプレジデントで」と言うと、「なんでそれを早う言わん」って言われたっていう（笑）。

梅棹　あれが三高のええとこや（笑）。

二年生でありながら、山岳部のプレジデントやった。それでいっぺんに状況がよくなって。一学期間だけ、様子を見ようとなった。そこで、その一学期間、大教室の一番前にがんばって座って、まじめに授業に出た。そしたら、あんな三高の授業みたいなものは何でもないわ（笑）。かなりいい成績で三年目はちゃんと通ってね。

小山　それで三回目の二年生に復帰ですね。そのころ、落第生は多かったんですか？

梅棹　毎年、各部で、「おまえとこ何人や?」って言うくらい多かった。山岳部のルームの隣がボート部やったけど、顔を合わせて、「おまえとこ、何人落ちたんや」って（笑）。

わたしには人間としての自信がある

小山　梅棹さんは「それぐらいの挫折」と言われますが、どの挫折をとっても、普通の人ならそこでつぶれてると思います。

梅棹　そやな。つぶれるかもしれんな。

小山　まず、落第して、親から山行きを止められた。で、ずーっと憂鬱だったわけですよね。ほんとうに放校になったわけですから。

梅棹　三高をいっぺん除名になったけど、そのとき、猛烈に腹が立った。三高の教授に対して。「何だ、一片の答案で人間の将来を奪うとは、何事だ」って。

小山　授業も出ないで一〇〇日も山へ行ってて、よく言いますな。

梅棹　自分のことを棚に上げてた（笑）。

小山　そのときは意気軒昂で乗り切って、理由もあって…というのがよくわかるんですよ。鼻っ柱で生き抜いた。

梅棹　鼻っ柱や（笑）。

小山　それと、二年生でありながらプレジデントをしてきたことが評価される。

梅棹　わたしには頭の自信よりも、**人間としての自信がかなりある。**人間はちゃんとしてまっせっていう自信が。

小山　次の挫折は、やっぱり戦争に負けたときでしょうかね。張家口から放り出された。

梅棹　放り出されたっていうより、叩き出された、蹴り出された（笑）。しかし、あの引き揚げはおもしろかったな。大東亜共栄圏という虚構が、目の前でガラガラガッシャーンとつぶれるのが見えた。そのなか、無蓋貨車で逃げて帰るんやから、ほんと、おもしろかった。

小山　でも、帰ってきたらみんな意気消沈しているなかで、梅棹さんは、日本はこれから伸びると説いてまわり、「旭日昇天教」と言われた。

梅棹　はい、旭日昇天教の教祖になった。「みんな何を言うとんねん。いっぺん戦争に負けただけやないか」って。戦争なんてものは勝ったり負けたりしてるわけで、それをいっぺん戦争に負けただけで「日本がなくなった」なんて言うのがいた。でも、日本はなにもなくなってない。滅んでもいない。国民もいるやないか。日本国家は、だいじょうぶや。

小山　そうやって梅棹さんは、叩き出されても、次は何をやろうかなと考える。日本に帰ってきて、しばらくは外国へ行けないから、じゃ国内の調査をやろう。それなら日本国内で一番遠いところへ行ってみようとか。いろいろと、そのときにできることをいつも考えてるでしょう。だから、挫折はこたえてない。挫折と思っていない。

梅棹　思っていないな。

小山　自分を相対化して見ていられる。

梅棹　そうそう。自分を相対化している。

小山　肺結核から回復して一九五五年にアフガニスタンへ行った。行ったらそこは乾燥地帯で、かえって転地療養になったみたいですね（笑）。

梅棹　そうやった。

小山　でもやっぱり、結核と言われたらがっくりしたでしょうね。

梅棹　それはだいぶがっくりしたね。

小山　このまま死ぬのかという時代ではなかったのですか？

梅棹　そうなるかもしれなかった。あの当時の結核は国民病で、若い人がたくさん死んだ。**わたしもこのまま消えていくのか、それは悔しいなと**思った。

小山　河合雅雄さんは、肋骨二本取ったとか。

梅棹　そう。あれは、ひどい病気やった。

小山　河合さんは身体が弱いんだという制限をつけて、自分を見てらっしゃる。だから歳をとるにしたがって、かえって元気になっています。

梅棹　わたしは、それはない。身体は強いと思っている。基礎体力はあると。

そう言えば、イヌぞりの研究をしに樺太へ行ったとき、みんな先に出発してしまった。わたしは高熱を出していたんや。それで後からダーッと追いかけた。それから、カラコラム・ヒンズークシのときも、アフガニスタンの首都カーブルへ到着して一か月は動かずじっとしていた。

小山　たしかに梅棹さんは身体が強いと思います。できがいいというのか。それと、精神的にひじょうにつらい状況にあったときの乗り切りかたというのを、いつも考える。

次の挫折、カカボラジ計画がだめになりましたが、そのあとずっと第二次東南アジア調査や東アフリカに行って大きな仕事をした。

梅棹　**挫折はなんべんでもやってる。**

決断ということはひじょうに大事や。決断して実行する

梅棹　振り返るとわたしは、**チャンスはわりに着実につかんでる。**パッとつかんできた。そのときに逃げたりしなかった。

小山　ぼくもいくつか、そういう決断のシーンのことは覚えています。たとえば民博の特別展示棟を建てるときに、塩川正十郎代議士のところへ直談判に行ったでしょ。ふだんは政治家をよけ

たはるけど、「いま金を出すのはここや」と言って、あれができたんですよね。「ときにはそういう政治も必要やぞ」と言われたの、覚えています。

梅棹　そうか。とにかく、学問上のことと違って、決断ということはひじょうに大事やな。決断して実行する。

小山　それは、生まれつきのものですかね。

梅棹　これはだいたい、山でできたものや。決断できるかどうかが命に関わる。山はこわいからな。

小山　どっちの道を行くとか？

梅棹　そう。人生、いくらでも決断の時期がある。

小山　そう言えば、白馬の下でぐるぐるまわったって言ってましたね。

梅棹　リングワンダリングをやってしまったことがある。山はこわいよ。あのときわたしは三高の一年生。リーダーは鈴木信やった。あれも大リーダーやったな。

あっと気がついたら、岩の上に小さい祠《ほこら》がある。さっき出ていったのと同じ場所。それが目の前にある（笑）。あそこは標高二千何百メートルのだだっ広い平原で、完全にリングワンダリングをしていた。雪の中では、そういうことがあり得る。

小山　そのときのリングワンダリングは、どこで終えたんですか？　こっちと逆のほうへ行けとはならずに、そこで露営か何かに移ったわけですか。

梅棹　それからあとは、結局、雪の中の露営になった。あれはひじょうにいい経験やったな。森林地帯に入って、森林の中で携帯テント、ツェルトザックかぶって寝たんや。

小山　それは何人ぐらいいたんですか？

梅棹　四人。スキーを雪の上にひいて、その上に腰掛けて、こっくり、こっくり居眠りしてた。ツェルトザックをかぶりながら。これはものすごく機密性が高いので、ふっと気がついたらみんな息苦しくなって…

小山　学問的には、そのリングワンダリングをやっては困るんですけれど（笑）。

人生に目的なんかあるわけがない。目的があると信じて遮二無二がんばるのはバカげている

小山　ぼくは、梅棹さんより梅原猛さんのほうが宗教家としては向いていると思います。

梅棹　梅原は哲学という芸能の一ジャンルを確立したんや。哲学者という芸能人の一種のスタイルをつくった。

小山　最近、哲学ばやりですね。

梅棹　そやね。それは芸能や。梅原がそうで、あれは完全に芸能人です。話がうまい。身振り手振りがおかしくて。ほんまにもう、聞かせるよ。迫力があってね。

小山　（笑）。だけど、厳しい言葉だな。こそこそしながら「あいつは芸能やで」とか、やっかみでいやみなこと言うやつはいるんですけれどね。

梅棹　哲学という芸能としてのジャンルを確立した。たいしたもんや。

小山　それで、苦難の道をもう一度ふり返ってみたいんですけれど、やっぱり張家口、中国から

の引き揚げというのは、大きな転機でしたね。

梅棹　そうや。フィールド（調査地）がなくなったんやから。それで、学問のスタイルをフィールド・ワークから理論的なものに変えなければならなくなった。大きな転機だけど、しょうがなかった。

小山　三高はプレジデントで救われて。それから、張家口引き揚げ。ふつう、それでもう絶望してやめてしまうでしょう。一所懸命貯めてきた膨大な資料があって、いまからやらなきゃなんないと思っている膨大なフィールドがあったのに、全部拒絶されたんだから。

梅棹　黄海を渡るアメリカ軍のＬＳＴ（上陸用舟艇）の上で、「さて、日本に帰ったら何をやろうか」と考えた。それで、数学をやってみようかと思ったんや。

小山　ああ、そこへ返ってくるわけか。あとは、肺病です。ヒマラヤへ行きたかったのに、結核になった。それはがっくりしたでしょう？

梅棹　そうやな。挫折やな。

小山　それは夢の挫折ですか？

梅棹　自分が生き方を変えなければならんということ。

小山　今度は生き方か。学問だけじゃない。

このときのことを梅棹は以下のように表現している。

「(略) 社会生活から脱落して家に閉じこもっているあいだ、友人たちがたびたび見舞にきてくれた。かれらから大学のことや世間のうごきを聞いているうちに、わたしは世のなかがなにごともなく進行していることに気がついて、愕然とした。わたしは自分という存在が、なんの意味ももっていないことをおもいしらされたのである。

青年というものは、なんとなく自分を中心に世界を回転させているものである。それがじっさいは、自分ぬきで世界はうごいているのだ。わたしは謙虚な気持ちになるとともに、ふかい虚無感をいだくようになった。」(『行為と妄想――わたしの履歴書』、二〇〇二年、中公文庫)

梅棹　それでわかったんやな。そういうもんやって。「わたしはいらんもんやな」っていうことがわかった（笑）。

小山　そこで隠者の性癖が理論化されるわけだ。

わたしは明るいペシミストや

小山　でも、一番大きいのは一九八六年の視力喪失でしょう。目が見えなくなったとき、きつかったでしょう？

梅棹　これはものすごくこたえた。失明というのは、まったくの予想外、予定外のことやった。考えてもみなかった。

小山　ましてビジュアルな梅棹忠夫という、ビジュアルのところがスパッと切られた。

梅棹　ものが見えないということは、実証科学者として致命的やな。

小山　でも、視力喪失のおかげで、心筋梗塞で死なずに、著作集が残ったわけでしょ。

梅棹　そうや。目が見えなくなってから著作集にかかったんです。入院中に、中央公論社の社長の嶋中鵬二さんが来てくれて、「ぜひ著作集をおやりなさい」と励ましてくれた。それで、やれることになった。

小山　突然見えなくなったわけでしょう。前の日からちょっと薄暗いと思っていて、朝になったら「まだ夜や」ぐらいだったけれど、それから二時間ほどして大阪大学病院に入ったときには、真っ暗だった。お昼に鰻丼買ってきたけれど、箸で空をつかんでいたという。まったく暗闇になってたんですね。その状態から、少しはもどっても、「食べ物とか机の上にあるものをバーンとぶつけたりしないんですか」と言ったら、「それはしない。してもしょうがない」と。ずっと梅棹さんは平静というか、心は穏やかだったんですか？

梅棹　穏やかとは言えんやろな。しかし、ものにあたったりはない。

小山　それは性癖というか、梅棹さんのきっちりしているとこですよね。あばれたってしょうがないもんね。

梅棹　しょうがない。そう言ってた。ものすごい精神力だなんて言うてくれた人がいるけれど、他にどうしようもない。**それ以外どうしようもないですわ。**平静にしているしか、しようがない。

小山　あのときから、ぼくは梅棹さんによく会いに行くようになった。あのとき、ちょうどアボリジニ展を神戸でやるという予定をしていて、梅棹さんの巻頭言がどうしてもいるので病院までおしかけていった。小松左京さんも来ていて、ハックスリーがどうだとかって盲目の学者の名前を挙げたり、塙保己一《はなわほきいち》はあれから「群書類従」つくりましたなあ、とか言ってるときに、ぼくが「そういや、座頭市っていうのもいますな」と言ったら、梅棹さんも「そうや、おまえら遊んでたら斬るぞ」なんて刀を振り下ろすまねをしたりして。あれはおかしかった。あとで「梅棹さんの弟子は、何というやつがいるんだ」って叱られた（笑）。

梅棹　気力はあったからな。

小山　最近は、気力、精神力はあるけれど、身体がついていかないのは何でだろうと感じてるんでしょう。

梅棹　そう。いまでも精神は衰えてるとは思わんけれど、身体があかんようになってるね。

ともかく挫折の連続やがな。二〇〇四年は肺ガンやって、胃ガンやって、つぎの年には脳梗塞やって。これもみんな、何とか乗り越えたな。

小山　だいたいみんな、どれかひとつで死んでしまうんだけどね。

梅棹　幸い生き延びた。

肺ガンをやるまで外科手術の経験はなかった。肺ガンと宣告されたとき、梅棹は「切ってしまえば、それで終わりだろう」と言って、「即、切ってください」と担当医に言う。「あと一〇年は知的活動、知的生活を続けたいので切ってください」と。

切ってみたら、「こんな痛いの…こんなしんどいのたまらんわ、切ったらしまいやと思ってた」と言ったという。

梅棹　ははは（笑）。なんべんでも挫折している。惨憺たる苦境を切りぬけてきたわ。

小山　この聞きとりタイトル『惨憺《さんたん》たる栄光』という名前にしようかしら（笑）。そういうところは若い人の力になるかもしれない。お説教せんでも、わしゃ、こうしたというようなので。

梅棹　いい機会やから、もうちょっと挫折とか困難ということを言ってくれてもいいな。わたしは、なにもきわめて順調にいった人間とちがいますって。

小山　でも実は、ご本人もそのことを忘れてたりしてはりますね（笑）。それを忘れて悩むと、挫折になってしまう。

梅棹　わたしは基本的に老荘の徒やから、ニヒリズムがある。そんなこと、みな、忘れてしまう。ニヒルや。

梅棹はほんとうに突然、視力をなくした。朝、目が覚めたら真っ暗闇になっていたという。その後、「ちょっと薄明かりを感じる」と言うようになったが、ともかく真っ暗闇のなかを手探りで過ごした。食事も一所懸命に食べていた。「思いきり何かにあたったりしたことはないか?」とたずねられたとき、「そんなことはない」「そんなことをしても見えるわけやないから」と答えていた。「泣いても状況が変わるわけやなし、怒鳴っても変わるわけやなし」と言うのである。

小山　自分を客体化してしまうという手があるんですね。

梅棹　それはそうや。**わたしは人類全体の一個体にすぎない。**人は、長い間生きてきたなかで、空々漠々の中からでてきて、空々漠々の中に消えていく。そういう一個体としての自覚がわたしにはある。

小山　ときどきニヒリストぶる人、かっこうつけてそう言う人はいますが、そういう人にかぎって一人でいるのがとてつもなく寂しくて、がまんできない。でも、梅棹さんは平気でしょ。やっぱり基本的にはニヒリストなんでしょうな。陽気なニヒリスト。

梅棹　**明るいペシミストや。**
しかしほんま、ありがたいことです。こういうかたちで、わたしの思いを書いて残してくれはるって。みなさん、あきらめたらあかんのですよ。

エピローグ

つねに未知なるものにあこがれてきた

フォロワーシップを経験して、はじめていいリーダーになれる

小山　いいリーダーの条件とは？

梅棹　フォロワーシップを経験し理解することやろな。

小山　みんなが平等な民主主義ですか。

梅棹　そういう民主主義はいかん。

小山　では上意下達、一糸乱れぬ軍隊のような組織をつくるのですか？

梅棹　それとは正反対や。わたしの組織に対する考えは、山で鍛えられた。中学生のころから、大人と一緒の町内会山歩きに行ったり、山岳部の仲間と計画をねって山に登っていた。計画を立てた人がリーダー、それに合意してフォロワーとなる。フォロワーシップとは盲従ではない。自分の意志や判断は持つけれども、隊長にはしたがう。山は危険がいっぱい、ときには命にかかわることもあるからな。

小山　かつて盛んだった大学山岳部が衰退した原因の一つにしごきがありましたね。

梅棹　わたしがわからんのは、どうして、登山にしごきがなりたつのか、しごきからは一番遠い世界やと思うんやけど。

小山　しごかれるから、次に入ってきた後輩に復讐するんですかね。しゃにむに登頂を目指したり、アクロバティックな技にはまったりする精神が軍隊式にするんでしょうか。

梅棹　いいリーダーがいないからやろうね。下級生が一番重い荷物を背負って歩いている、後ろからピッケルを持った上級生が歩いている、ちょっと下級生が弱ってくると後ろからピッケルで尻をたたく。わたしら三高山岳部にはそんな気風はなかった。新入生からいきなり、先輩にいっさい敬語を使ってはいけない、「さん」もいかん、全部呼び捨てです。

小山 すごい集団ですね。「団結は鉄よりもかたく、人情は紙よりもうすし」というのが合言葉だと聞いています。

梅棹 そうや。三高時代に世界の未開地の探検を夢見ていた仲間がいた。意気盛んやったが、強力なリーダーが必要であることを痛感していた。それは今西錦司をおいてほかにないと、今西さんを行きつけのおしるこ屋の二階まで引っ張りだし談判して、承諾を得たんや。

小山 師弟関係をたどったのですね。

梅棹 いや、今西さんは理学部の講師やったが、講義を聴いたのは一人もいない。わたしたちは今西さんに育成されたのではなく、推戴したのや。弟子ではなく契約、ゲマインシャフトではなく、ゲゼルシャフト集団です。

小山 学術探検家としてどんな訓練を受けましたか。

梅棹 ミクロネシア調査（一九四一年）が最初やった。ポナペ島は楽しかったなあ。

小山 このときは実に素直でしたね。言葉を習え、植物、地質を調べろ、現地の人とのつきあいかたを考えろ、などなど、文句を言わずトレーニングを受けている。なんでもスーッと受け入れている。フォロワーシップのモデルと言えますね。

梅棹　三高山岳部の伝統や。リーダーとしての今西さんの力量はめざましいものやった。行動の判断はもちろんのこと、フィールド・ワークを進めながら思索を深めていく手法を骨の髄までたたきこまれたな。

小山　そこで山と探検が結びつき、エクスペディションが展開されるのですね。

梅棹　翌年には北部大興安嶺縦断（一九四二年）をやった。探検隊の見習士官として訓練を受けた「今西グループ」のはじめての実戦でした。そのあと今西さんが所長だった西北研究所に行ってモンゴル調査もやったが、本部のあった張家口ではたくさんの仲間と同業者が集まっていろいろな探検の計画をねった。しかし、敗戦で、すべて頓挫や。ほうほうの体で逃げ帰ったが、意気はおとろえていない、むしろこれからやと思ったな。

小山　戦後はマナスル登山（一九五二〜五六年）、カラコラム・ヒンズークシ学術探検隊（一九五五年）など大きな計画が立ち上がりますね。京大グループのなかで、梅棹さんが若きリーダーとして活躍していたことがわかります。

梅棹　見習士官から参謀になったわけやな。マスナルの実戦では、病気のため参加できなかったけど、ヒンズークシでようやく探検専門になった。

小山　健康であれば登山家になっていたかもしれませんね。そのあと、大阪市立大学東南アジア学術調査隊（一九五七〜五八年）で隊長をつとめ、アフリカ、ヨーロッパの調査でも活躍しますね。

梅棹　リーダーとしての腕が磨かれていったわけや。隊長は「わしが、わしが」でなくて、押されてなるものや。リーダーになって威張ったり、金儲けをしようとしたことはなかった。それでいいと思っている。

請われれば一差し舞える人物になれ

小山　つぎに、国立民族学博物館（民博）について聞きましょう。

梅棹　これは日本民族学会の長年の夢が実現したものです。渋沢敬三さんがつくったアチック・ミューゼアムと七〇年大阪万博で集めた資料などをあわせてできた。大阪万博の成功で、世界の民族を知ることの必要性とおもしろさがわかり、政界、財界も巻き込んで、国立の博物館をつくる気運がでてきた。万博の準備のために、東大の泉靖一さんと協力して、若手の民族学者を資料収集のために世界中に派遣した。その連中が民博の主要なスタッフになったな。

小山　館長には押されてなったのですか。

梅棹　泉さんにまかせたいと思っていたのだが、とつぜん亡くなられてしまった。だから、引き受けざるをえなかった。

小山　「請われれば一差し舞える人物になれ」とよくおっしゃいますね。

梅棹　そうや、**人には逃げてはならない状況がある。**そのとき、ちゃんと舞ってみせることが必要だ。責任を果たす覚悟と能力がいる。

小山　そう言えば開館の頃、梅棹さんは「君たちは若き将校、見習士官である、将来の学界、民博を支えるのだ」と言ってました。

だから、「フィールドに飛び出せ、共同研究会をつくれ、メンバーは学者に限るな、国際シンポジウムをひらいて外国の学者と討論せよ、フィールドの成果を展示に反映せよ」と言われて、ぼくも夢中で走りまわっていました。金は基本的に自分で調達すべしという条件はきびしかったけど、いま思うと大変おもしろかったです。「ミラカン」（未来の館長）という言葉がはやって、唄までつくって歌ってました。

梅棹　私のアジテーションに乗ったわけや。

小山　もうひとつ、ずっと気になっている言葉に「宮本武蔵になるな」があります。武蔵は、究極の技を極めた人として、ひとつの理想像だと思うのですが。

梅棹　技を磨くのには反対しない。しかし、剣の道は人殺しの技、そんなことに熱中して、他を顧みないというのは、人間としていささか淋しいのやないか。

わたしが、山に登り、世界の民族をたずねたのは、デジデリアム・インコグニチ、未知なるものへのあこがれだけやった。

あとがき

今の社会の閉塞感は何なのだろう。私たちは経済的に恵まれ、安定した生活を送っている。それは、世界の国々、それも先進国とされる欧米の国々を訪ねてみればわかるし、日本の過去をふりかえってても制度や技術の発達はめざましいものがある。そんな豊かな社会にありながら、日本という国に信頼を失い、未来に漠とした不安を感じているのがわたしたち日本人ではないだろうか。

梅棹忠夫さんは時代を動かした思想家だった。「日本文明はたった一度の失敗で消えてしまうほど脆弱なものではない、自信を持って進むべきだ」。第二次世界大戦後、本人も着のみ着ままの状態で大陸から逃げ帰ってきたにもかかわらず、敗戦でうちひしがれた日本人にむかって、そう言い続けて、活発な思索と実践をおこなってきた。

梅棹さんの仕事は多岐にわたるが、わたしなりに選ぶとすれば、以下の三つをあげたい。

第一は、日本文明を世界のなかに位置づけた「文明の生態史観」（一九五七）である。これは、当時のマルクス主義や欧米至上主義の強かった思想界のなかで、自信喪失気味だったインテリゲンチャに勇気を与えた。

第二は、情報産業の時代がくることを予測した「情報産業論」(一九六三)。勃興期にあった放送界で働く人たちを鼓舞した。さらに『知的生産の技術』(一九六九)では、情報とは何か、その膨大な量を処理するための実際を示した。その思想と技術は、今なお大きな影響を与えている。

第三は、国立民族学博物館の創設と館長としての活躍である。これは一九七〇年の大阪万博で経済成長のありがたさを実感した一般人に対して、日本人も世界の民族の一員であり、世界文明という視点で考える必要性を、博物館という装置でしめした。特筆すべきは、これらがすべて、「自分の足で歩いて確かめ、自分の目で見て観察し、自分の頭で考える」という、科学的思考に支えられたものであることだ。

梅棹さんには二三巻におよぶ著作集がある。しかし、一般人にとってはあまりにも量がおおく、分野が多岐にわたり、高価にすぎる。もっと手にとりやすい本で、現代日本人へのメッセージを語ってもらいたいと考えた。「わたしはアジテーターです」と言う梅棹さんは、未来を的確に洞察して、人を勇気づけ、動かすという不思議な力を持っていたからである。

梅棹さんの聞き取りにときどき同席していた日本経済新聞社の中沢義則記者からも、話をこのまま埋め去るのはもったいない、エッセンスを抜き出し、若い世代へのメッセージとしてまとめ、世に問うのはどうかという提案があった。幸いそれが受け入れられ、本書をまとめるための編集と新たな聞き書きを始めた。梅棹さんは体力が落ちていくのが目に見えて、痛々しかったが、気力はおとろえないことに、わたしは圧倒される思いだった。それをのぞけば、わたしもたいへんしあわせな時間を過ごすことができたと思っている。

本書をまとめるにあたって、梅棹資料室の三原喜久子さん、明星恭子さん、私の介護役である藤田京子さん、日本経済新聞出版社の網野一憲さんにたいへん力になっていただいた。ありがとうございました。

二〇一〇年八月

小山修三

1993（平5）	73歳	民博館長を退任。同館顧問、名誉教授。総合研究大学院大学名誉教授。
1994（平6）	74歳	文化勲章受章。
1995（平7）	75歳	青森県の三内丸山縄文遺跡をはじめて見にゆく。
1996（平8）	76歳	『日本経済新聞』朝刊文化面「私の履歴書」欄に自伝を30回連載。【加筆して『行為と妄想——わたしの履歴書』（日本経済新聞社）。再加筆して（中公文庫）】／京都大学名誉教授／佐賀県の吉野ヶ里遺跡を見学。縄文時代の三内丸山から古代の出雲大社まで日本の歴史が一貫してつながっていることを確信。
2003（平16）	83歳	「西堀栄三郎記念　探検の殿堂」に「探検家」として殿堂いり。
2008（平20）	88歳	米寿記念シンポジウム【『梅棹忠夫に挑む』（中央公論新社）】
2009（平21）	89歳	『梅棹忠夫著作目録（1934-2008）』（国立民族学博物館）／『山をたのしむ』（山と溪谷社）
2010（平22）	90歳	DVDブック『カラコルム　花嫁の嶺チョゴリザ——フィールド科学のパイオニアたち』（京都大学学術出版会）を監修／「梅棹忠夫・山と探検文学賞」が創設される。
2010（平22）7月3日		老衰のため自宅で死去。

1963（昭38）	43歳	「情報産業論」を『放送朝日』1月号に発表。情報のもたらす文明論的変革、「工業の時代」から「情報産業の時代」を予想。【『情報の文明学』（中公叢書、中公文庫）】／64年にかけて京都大学アフリカ学術調査隊に参加。タンザニアの南ナイロート族ダトーガ牧畜民を調査。【『サバンナの記録』（朝日選書）】
1964（昭39）	44歳	第7回国際人類学・民族学会議（モスクワ）に出席、ウクライナへ小旅行ののち、ヘルシンキを経由して帰国／岩波市民講座で講演「狩猟と遊牧の世界」をおこなう。【『狩猟と遊牧の世界』（講談社学術文庫）】
1965（昭40）	45歳	アフリカ牧畜民の家族と家畜群に関する社会人類学的な論文がみとめられて、理科から文科へ転向、京都大学助教授（人文科学研究所）となる。
1967（昭42）	47歳	第一次京都大学ヨーロッパ学術調査隊に参加。スペインのバスク地方で農村調査をおこなったのち、車でポルトガル、スペイン、アンドラ、フランスを旅行。
1968（昭43）	48歳	「都市神殿論」を発表【『Energy』第18号】／京都大学大サハラ学術探検隊に参加、リビアで牧畜民の研究調査／'69年にかけて日本万国博覧会世界民族資料調査収集団を組織。
1969（昭44）	49歳	京都大学教授（人文科学研究所）／第二次京都大学ヨーロッパ学術調査隊に参加し、中部イタリアの山村で牧畜の調査。のち、ユーゴスラビアのベオグラード、ツルナ・ゴーラ地方のドルミトール山群で調査／『知的生産の技術』（岩波新書）
1974（昭49）	54歳	国立民族学博物館が創設されて館長に就任。
1977（昭52）	57歳	国立民族学博物館開館。
1979（昭54）	59歳	『梅棹忠夫著作目録（1940-1979）』（中央公論社）
1980（昭55）	60歳	還暦記念シンポジウム「文明学の構築のために」で基調講演をおこなう。【『文明学の構築のために』（中央公論社）】
1983（昭58）	63歳	『日本文明77の鍵』を編集。のち改訂版（文春新書）刊行。
1986（昭61）	66歳	ウイルスによる球後視神経炎のため両眼の視力を喪失。【『夜はまだあけぬか』（講談社文庫）】
1989（平元）	69歳	「梅棹忠夫著作集」（全22巻　別巻1　中央公論社）が刊行開始。（1994年完結）
1992（平4）	72歳	なれそうで、なれなかった人生の回想録『裏がえしの自伝』（講談社）

1945（昭20） 25歳	終戦でモンゴルを脱出、天津へ。年末に北京へ移り、資料を日本に持ちかえるため偽装工作を施す。【『回想のモンゴル』（中公文庫）】
1946（昭21） 26歳	京都に帰る。大学院に復帰。友人達から「旭日昇天教の教祖」と呼ばれる。京都帝国大学ローマ字会を組織し、ローマ字書き科学雑誌『SAIENSU』を刊行。
1947（昭22） 27歳	日本エスペラント学会に入会。
1949（昭24） 29歳	大阪市立大学助教授（理工学部）
1952（昭27） 32歳	日本山岳会に入会。マナスル計画に参加するつもりであったが、肺結核になり、自宅にて2年間の療養生活。切手の収集で世界の地理、歴史に強くなる。
1954（昭29） 34歳	「アマチュア思想家宣言」を『思想の科学』5月号に発表。
1955（昭30） 35歳	京都大学カラコラム・ヒンズークシ学術探検隊のヒンズークシ支隊人類学班に属し、モゴール族の調査をおこなう。帰路、自動車でカーブルからカイバル峠を越え、北インドを横断してカルカッタまで走る。【『モゴール族探検記』（岩波新書）／『アフガニスタンの旅』（岩波写真文庫）】
1957（昭32） 37歳	「文明の生態史観」を『中央公論』2月号に発表。【『文明の生態史観』（中公叢書、中公文庫）、英語訳『An Ecological View of History: Japanese Civilization in the World Context』（Trans Pacific Press, Melbourne）】／58年にかけて第一次大阪市立大学東南アジア学術調査。【『タイ——学術調査の旅』『インドシナの旅——カンボジア、ベトナム、ラオス』（岩波写真文庫）】
1959（昭34） 39歳	ラジオ、テレビに出演多し。／日本の各地を訪れて、日本という国のありかたを文明論的視点から考察。【『日本探検』（中央公論社）】
1960（昭35） 40歳	63年ごろまで京都の自宅で金曜会（梅棹サロン）を開く。
1961（昭36） 41歳	モンゴル草原における羊群のかわりにオタマジャクシの群れで実験をおこない、その行動の相互関係を数理的に解析。京都大学から理学博士号を授与される。（学位論文「動物の社会干渉についての実験的ならびに理論的研究」）／第二次大阪市立大学東南アジア学術調査隊に参加。北タイの調査ののち、単独でビルマ、東パキスタン、インド、ネパールを踏査。【『東南アジア紀行』（中公文庫）】

『梅棹忠夫　語る』関連の梅棹忠夫略年譜

1920（大9）	0歳	6月13日　京都市・西陣にて出生。
1927（昭2）	7歳	京都市立正親尋常小学校に入学。昆虫採集、標本づくりに励む。
1932（昭7）	12歳	正親小学校第5学年修了／京都府立京都第一中学校入学。博物同好会、山岳部に入部。山に魅せられる。
1934（昭9）	14歳	「山城三十山」を改訂、『山城三十山記　上篇』に執筆。
1935（昭10）	15歳	京都帝国大学白頭山遠征隊の講演および記録映画に感動し、探検の道を歩もうと決心／『山城三十山記　下篇』編集・発行。
1936（昭11）	16歳	京都一中第4学年修了／第三高等学校理科甲類に入学、山岳部に入部。植物標本づくり。登山日数は1年間に100日を超え、2年生ながらプレジデントを務めるが進級できず。
1939（昭14）	19歳	京都探検地理学会に入会。／2回目の第2学年も落第で三高除籍となるが、助命嘆願が功を奏し1学期間の除籍保留となる。山ゆきを慎んで、復帰。
1940（昭15）	20歳	三高山岳部の3名で朝鮮半島北部の白頭山に登り、満州側におりて第二松花江源流の確認者となる／41年にかけて京都探検地理学会樺太踏査隊に参加。イヌぞりの性能調査をおこない、「犬橇の研究――主として樺太の犬橇の形態と機能について」をまとめる。【『探検』第3号】
1941（昭16）	21歳	京都帝国大学理学部に入学、主として動物学を専攻。友人達と6名で学術探検をめざすグループ「ベンゼン核」を結成。今西錦司にその指導を依頼／京都探検地理学会ポナペ島調査隊に参加し、ポナペ島の生態学的調査をおこなう。学術探検家としての最初の実地訓練をうけた。
1942（昭17）	22歳	北部大興安嶺探検隊（中国黒竜江省）。脊梁山脈ぞいの白色地帯を踏破。トナカイ遊牧民をみる。黒竜江上流で釣りあげた魚の胃の内容物を分析して卒業論文を書く。
1943（昭18）	23歳	徴兵検査。第一乙種合格（戦車兵）／京都帝国大学理学部卒業／同大理学部大学院に入学／大学院特別研究生制度により入営延期／AACK（京都大学学士山岳会）に入会。
1944〜45（昭19〜20）	24〜25歳	財団法人蒙古善隣協会西北研究所（張家口）嘱託、のちに所員／チャハル盟およびシリンゴル盟でモンゴル牧畜を調査。（「遊牧の起源」）

梅棹忠夫《うめさお・ただお》

1920年生まれ。京都大学理学部卒。理学博士。京都大学人文科学研究所教授を経て、1974年に創設された国立民族学博物館の初代館長に就任。1993年に退官し、同館顧問、名誉教授。文化勲章受章。民族学・比較文明学。2010年7月死去。

小山修三《こやま・しゅうぞう》

1939年生まれ。国際基督教大学教養学部卒。Ph.D.（カリフォルニア大学デイビス校）。1976年、国立民族学博物館助教授。同教授を経て、2002年より名誉教授。2004年より吹田市立博物館長。文化人類学。

日経プレミアシリーズ｜097

梅棹忠夫　語る

二〇一〇年九月十五日　一刷

語り手　梅棹忠夫
聞き手　小山修三
発行者　羽土　力
発行所　日本経済新聞出版社
http://www.nikkeibook.com/
東京都千代田区大手町一―三―七　〒一〇〇―八〇六六
電話　（〇三）三二七〇―〇二五一
装幀　ベターデイズ
印刷・製本　凸版印刷株式会社

ISBN 978-4-532-26097-2　Printed in Japan

日経プレミアシリーズ 053

日本の近代遺産

近代遺産選出委員会編

明治・大正・昭和の先人は国家の基礎づくりにどんな夢をもち、どれほど奮闘したのか。北は北海道網走市から南は沖縄県南大東島まで五十の建造物をカラー写真とともに紹介しながら、近代日本の発展に寄与した人々の足跡をたどる。

日経プレミアシリーズ 083

上方落語十八番でございます

桂米二

これは、まるで寄席にいるよう。上方落語の正統派が極上噺十八席をご紹介。屈指の大ネタ「百年目」や軽妙な展開の「牛ほめ」など、どこから読んでも楽しめます。噺家の世界の「裏側」がわかる（？）コラムもたっぷり掲載してお待ちしております。

日経プレミアシリーズ 089

猫背の目線

横尾忠則

古稀を迎えた猫好きの芸術家は考えた。「忙しいのは他人の時間に振り回されるから」「病気自慢が体を浄化する」「努力は運命の付録のようなもの」――老年が人生を仕上げる時期ならば、ひとつ人生を遊んでやろう、遅ればせながら隠居を実行しよう。自然に、創造的に生きたい老若男女必読！